Keltische Weisheiten

Herausgegeben von
Jean-Paul Bourre

Aus dem Französischen von
Elisabeth Liebl

Mit Fotografien von
Peter Hinreiner und Bettina Lemke

Deutscher Taschenbuch Verlag

Ausführliche Informationen über
unsere Autoren und Bücher
finden Sie auf unserer Website
www.dtv.de

Deutsche Erstausgabe 2011
© 2009 Presses du Châtelet
Titel der französischen Originalausgabe:
›Préceptes de vie. La Sagesse druidique‹
(Presses du Châtelet, Paris; Edipresse Inc., Montréal)
© 2011 der deutschsprachigen Ausgabe:
Deutscher Taschenbuch Verlag GmbH & Co. KG, München
Das Werk ist urheberrechtlich geschützt.
Sämtliche, auch auszugsweise Verwertungen bleiben vorbehalten.
Umschlagkonzept: Balk & Brumshagen
Satz: Bernd Schumacher
Druck und Bindung: Druckerei C.H. Beck, Nördlingen
Gedruckt auf säurefreiem, chlorfrei gebleichtem Papier
Printed in Germany · ISBN 978-3-423-34712-9

Inhalt

Vorwort

Die Lebensregeln, die ihre Wurzeln in der Weisheit der Druiden haben, sind Teil des breitgefächerten keltischen Kanons, der mit der Sage um König Artus und Tolkiens Epos so populär wurde. Ihnen zugrunde liegen Texte – Epen und Chroniken –, die im Mittelalter gesammelt und in dieser Form bis in unsere Zeit überliefert worden sind – darunter das Mabinogion aus Wales, das Lebor Gabála Érenn der Iren, die isländischen Sagas, alte bretonische Legenden sowie die Sagen um Merlin und die Suche nach dem Heiligen Gral. In diesen Texten begegnet uns eine Weltsicht, in der das Alltägliche eine enge Verbindung mit der Welt der Magie und Heilkunst, des Traumes sowie der Ehrfurcht vor der Natur eingeht.

Die Worte der Weisheit wurden nicht ausschließlich von Druiden überliefert, sondern auch von den keltischen Barden, die in ihren Liedern die Ahnen und ihre großen Taten verherrlichten. Darin zeigt sich eine Lebenskunst, die auch vor schweren Prüfungen nicht zurückscheut. Und stets ist in diesen Texten auch die Natur mit ihren Geheimnissen und ihrem Zauber gegenwärtig. So zum Beispiel in einer irischen Erzählung über den Eremiten Marban, der den Archetypus des Einsiedlers repräsentiert. Marban lebt zurückgezogen im Wald und lauscht dem Gesang der Vögel. Unter einer mächtigen Eiche sucht er Schutz vor Gewittern. Er versteht, so hören wir, sogar das Murmeln der Quellen, das Rascheln des Laubes, den Schritt des Wildes und das Heulen des Windes. König Guaire, tief bewegt von der Schilderung des Barden, sagt, dass er alles geben würde, um fortan Marbans Gefährte zu sein. Solche Lieder über Sommer und Winter, über die Segnungen der Einsamkeit und die Freundschaft mit der Natur füllen in Form von Lehrreden und Naturbeobachtungen viele Seiten der gälischen Literatur. Baum, Berg und Fluss sind nicht bloße Staffage, sondern werden als lebendige Wesenheiten betrachtet, die auf die Menschen einwirken, indem sie ihnen neue Kraft spenden und ihnen in schweren Zeiten beistehen. Das Bündnis mit der Natur ist das Herzstück der keltischen Weisheit. Wird es gebrochen, erlebt der Mensch Verwirrung, Chaos, Hass, Angst und zahlreiche Schwierigkeiten. Es ist eine Tatsache, dass heute nur noch wenige Menschen einen spirituellen Bezug zur Natur haben. Die Druiden wussten Bescheid über die gestaltende Macht des Geistes. Sie wussten, dass ihr Missbrauch sich in Krankheit niederschlägt und letztlich zu dem selbstmörderischen Treiben unserer heutigen Zivilisation führt.

Die druidischen Weisheitstexte erzählen von einer Zeit, als der Mensch noch in Frieden mit seiner natürlichen Umwelt lebte. Er genoss die vielen Segnungen, sei es zum eigenen Wohl oder zu dem der Gemeinschaft.

Die hohen Festtage des keltischen Kalenders folgten den Zyklen der Natur. Sie waren den Menschen Quelle der Weisheit und Lebenslehre zugleich. Zu Beltane, am 1. Mai, feiert man die Rückkehr des Frühlings, den Viehaustrieb, die Wiederkehr der Sonne. Dann reift die Saat heran und am 1. August begeht man das Fest Lughnasadh, eine Art Erntedankfest. Der Mensch erntet, was er gesät hat, und zwar im wörtlichen ebenso wie im übertragenen Sinn.

Samhain am 1. November signalisiert den Winteranfang

und den Beginn des neuen keltischen Jahres. Die ?
sagen, dass sich in der Nacht von Samhain (der
sonntag« der christlichen Kultur, »Halloween« im eng
lischsprachigen Kulturkreis) die Grenzen zwischen den
zwei Welten öffnen. In dieser Nacht verlassen die Ahnen
ihre Grabhügel, um mit den Lebenden zu sprechen.

Für die Druiden entspricht jede Jahreszeit auch einer
bestimmten seelischen Befindlichkeit. Jugendlich im Frühling, reif zu Lughnasadh, wird der Mensch im Herbst vom
Alter gebeugt, um schließlich einzutreten in den Winter
des Lebens. Das feierliche Begehen dieser Zyklen gab den
Menschen jener Zeit Gelegenheit zur Selbstreflexion. Man
musste die Natur nur aufmerksam beobachten, um zu erkennen, dass alles stets wiederkehrt, dass der Winter die
allmähliche Vorbereitung auf die Rückkehr des Lichts ist,
ein Heilschlaf, durch den die Natur ihre Kräfte erneuert.

Aber auch die Tierwelt ist stets zugegen im Weisheitsgut
der Druiden. Der keltische Mensch betrachtet sich nicht als
erhaben über Fisch und Vogel, über den Käfer im Gras und
den mächtigen Auerochsen, der in den Wäldern haust. Er
ist vielmehr verbrüdert mit diesen Geschöpfen, wie er der
Bruder alles Lebendigen ist, das gleich ihm geboren wird,
heranwächst und den Schlaf des Winters erfährt, bevor es
in den endlosen Kreislauf des Lebens zurückkehrt. Das Tier
an sich gilt als Verbündeter, als Beschützer oder als Bote,
wenn es zum Beispiel in Gestalt eines Raben oder einer
Krähe in Erscheinung tritt. Die Kelten schreiben dem Tier
oft erstaunliche Fähigkeiten zu, die das Leid des Menschen
gleichsam »wegzaubern« können. So berichten walisische
Erzählungen von der Göttin Rhiannon und ihren Vögeln
mit schillerndem Federkleid, die mit ihrem lieblichen Gesang die Kranken in den Schlaf singen.

Die druidische Kultur hat keine steinernen Sakralbauten hinterlassen wie die Tempel der Maya, die ägyptischen Pyramiden oder die christlichen Kathedralen. Ihr Tempel ist die weite Flur mit ihren Bergen und Wäldern, wo der Mensch die Mysterien der Natur feiert. Oft sind es nur ein paar Bäume und Hinkelsteine, die ein Heiligtum anzeigen, ein *nemeton* in der Sprache der Gallier und der Inselkelten. Im überwiegenden Teil der Texte werden Bäume als heilige Hüter der Weisheit angesprochen. Eine Wasserquelle, die oft von einer heilenden Gottheit bewohnt wird, ist niemals weit entfernt. Opfergaben versenkt man im Wasser, um Hilfe oder Schutz zu erbitten oder Dank zu sagen für das, was man erhalten hat. Der sakrale Charakter des Wassers begegnet uns im Christentum wieder, in welchem einige Elemente der druidischen Weisheitslehren übernommen wurden. Heilige Quellen oder bestimmte Götter wie Cernunnos (der Hirschgott, der mit der Welt der Tiere in Verbindung steht) wurden schlicht »christianisiert«.

FRAUEN UND KINDER

Es ist kein Zufall, dass es in den alten Kulturen die Frau war, die die Bestattungsrituale vollzog, sich um die Toten kümmerte und die Wahrsagekunst ausübte. Dem druidischen Glauben nach steht sie dem Kreislauf von Leben und Tod viel näher als der Mann. In der Vorstellungswelt der Druiden verkörpert die Frau die Natur in ihrer Fülle, ihren Mysterien. Sie ist Jungfrau und Mutter zugleich – lange vor der christlichen Marienverehrung.

In der druidisch geprägten Bretagne, der Île de France und der Region um Chartres, gilt Ceridwen als Göttin der

Nacht. Sie beschützt den Schlaf der Menschen und wehrt Versuchungen und schlechte Träume ab. In alten Texten ist zu lesen: »Ceridwen, die weiße Fee, Göttin der Nacht, Jungfrau und zugleich Mutter, hält ihr Kind im Arm, Taliesin mit der strahlenden Stirn.« In der Keltenschanze liegt das von Steinen umgrenzte Heiligtum – Nemet, das der Gottheit geweiht ist. Dieser Steinkreis erfüllt eine doppelte Aufgabe: Einerseits hält er wilde Tiere und Feinde fern, anderseits soll er böse Geister abwehren.

Im Inneren des Heiligtums brennen Harzfackeln, und manchmal zeigt sich die Gottheit im Schatten eines Steines. Die Lage des *oppidum* wurde nicht von den Druiden bestimmt. Der Fels selbst hat sie zu sich gerufen. Seine Form gebar eine Gottheit, eine Art Geist, eine Kraft, die, wie die Druiden glaubten, im Felsen lebte und durch ihn sprach. Diese heilige Rolle der Frau wurde im Christentum von der Verehrung der jungfräulichen Mutter Gottes überlagert. So entdeckte der Domherr Henri Pradel in der Krypta der Kathedrale von Chartres, die über einem druidischem Heiligtum errichtet wurde, eine Inschrift: »Der Jungfrau, die Mutter wird.«

Das frühe Christentum stieß die alten Idole also keineswegs vom Sockel. Es machte sie vielmehr seinen Zwecken dienstbar, indem es die Muttergottheiten zur Darstellung der Gottesmutter machte und die keltische Überlieferung teilweise übernahm. So finden wir in der Kathedrale von Le Puy den »Fieberstein«, die Deckplatte eines Dolmen. In der Basilika von Orcival dient ein Hinkelstein als Chorpfeiler. Auf dem Marienaltar der Kathedrale von Reims finden wir eine in Stein gemeißelte Abbildung des Hirschgottes Cernunnos, der sein Geweih wie eine Krone trägt.

Der Druide hatte einen anderen Blick auf die Welt als der Mensch von heute. Flüsse und Wasserläufe wurden als lebendige, beseelte Wesen betrachtet, vergleichbar den Menschen oder den Tieren des Waldes.

Der antike Geschichtsschreiber Strabon berichtet, dass die Kelten wertvolle Gegenstände, goldene Broschen, Waffen, Schilde und Streitwagen auf dem Grund heiliger Seen versenkten – als Opfergabe an die Gottheit des Ortes.

An den Quellen der Seine bei Dijon wurde Sequana, die Göttin der Seine, verehrt. Dorthin kamen die Kranken, um – wie bei anderen Heiligtümern – ein rituelles Bad zu nehmen. Nachdem sie ihre Opfergaben dargebracht hatten, zogen sie sich in eine Art Schlafsaal zurück, der den Pilgern vorbehalten war. Dort legten sie sich nieder in der Hoffnung, die Gottheit des Heiligtums möge ihnen im Traum erscheinen.

Damals glaubten die Menschen noch an die Heilkraft von Quellen und die Macht des Gebetes. Sie waren fest davon überzeugt, dass Baum, Bach und Fels eine Seele hatten, einen Geist, der ihnen innewohnte. Die Druiden liebten die Schöpfung als Ganzes, vom Grashalm bis zu den fernen Sternen. Jeder ihrer Ratschläge zeugt von dieser Verbundenheit mit der Natur. Für sie ist die Natur die große Heilerin, mit deren Hilfe sich der Mensch erneuert und die Gesundheit von Leib und Seele zurückerlangt.

Die hier vorgestellten Worte der Weisheit sind Spuren einer längst in Vergessenheit geratenen Geschichte, die uns auf vielerlei Wegen überliefert worden ist: meist durch die Kopisten in den Klöstern Irlands und der Bretagne, die so zu Bewahrern des alten druidischen Wissens wurden.

Eine weitere Quelle sind Legenden und historische Fragmente, die in der Folklore des keltischen Europa fortleben als Erzählungen, Epen oder Lieder. In diesen geht es um die alltäglichen Erfahrungen des Menschen, um Krankheit, Liebe, Heldenmut, Angst vor dem Tod oder die Segnungen der Weisheit.

In diesen Texten begegnet uns eine Art zu leben und zu denken, die geradezu als Gegengift zum Lärm und Schmutz unserer heutigen Welt erdacht worden zu sein scheint. Jede Handlung, jeder Gedanke eines Druiden stand im Einklang mit der Natur, denn nur so, glaubten sie, ließen sich Harmonie und Gleichgewicht bewahren.

Ihr magisches Rezept ist einfach, aber die Menschen haben es vergessen: *Versorge die Bäume, die Flüsse, die kranken Tiere, und der Geist der Heilung wird mit dir sein.*

So lehren die Druiden und singen die Barden bei ihren abendlichen Zusammenkünften. Manche sagen, dass die Gottheit, der Geist eines Baumes, einer Quelle oder auch eines Vogels, ihnen im Traum oder im Gebet erscheine – in jenen Augenblicken, in denen sich das Bewusstsein verändert. So kommuniziert der Mensch mit der lebendigen Natur und ruft sie um Beistand an. Er gibt den Dingen einen Namen und macht sie zu eigenständigen, handlungsfähigen Wesen. Wenn er aus dieser Erfahrung wieder heraustritt, stellt er die Grenzen seiner eigenen Identität infrage. Ihm wird bewusst, dass er unendlich und unbegrenzt ist und dass ihn ein feines Band mit anderen Lebensformen verbindet. Einen lebenden Geist hinter den Manifestationen der Natur zu sehen, zeugt von der Ehrfurcht der Druiden vor ihrer Umwelt. In diesem Punkt berühren sich die keltischen Glaubensvorstellungen mit denen des Hinduismus und des Schamanismus, die ebenso auf der direkten Kommunikation mit der natürlichen Umgebung, ob sichtbar oder unsichtbar, beruhen. Dies ist ein Weltbild, das die monotheistischen Religionen rigoros unterdrückt haben. Unter ihrer Federführung wurde der Mensch zum überlegenen, von einem allmächtigen Gott auserwählten Lebewesen, die Natur aber zur unbeseelten Staffage. Die Naturreligionen und ihre Praktiken wurden schon bald für unvereinbar mit dem wahren Glauben erklärt und schließlich als Aberglaube geächtet.

Nach druidischer Vorstellung gibt es keine Ursache ohne Wirkung. Als der Mensch der Natur den Rücken kehrte, schuf er eine Religion des Chaos: Die wohlwollenden Geister zogen sich in ihre Grabhügel zurück, die Elfen verbargen sich in den Tiefen der Wälder, die Feen tauchten ein in einen langen Winter, die Natur wurde krank. So würden wohl die Schamanen des alten Europa die Abholzung der Wälder, die Verschmutzung des Wassers und das Artensterben, kurz: die gegenwärtige ökologische Katastrophe, erklären.

Ein ähnliches Schicksal erlitten die indigenen Kulturen Nord- und Südamerikas, die von der Industriegesellschaft einfach hinweggefegt wurden. Man zwang ihnen fremde Anschauungen auf, die auf Gewalt, Wirtschaftlichkeit und Profitdenken beruhen. Die alten Chroniken und Quellen der Weisheit galten bald nur noch als Ammenmärchen.

Die Weisheit der keltischen Druiden ist eine Antwort auf die düstere Lage des »zivilisierten« Menschen, der die Wälder zerstört und die Meere und Flüsse vergiftet, um auf den Fundamenten von Anmaßung und Überheblichkeit eine künstliche Zivilisation zu errichten, die mit der früheren Einheit von Mensch und Natur gebrochen hat.

In der keltischen Weisheit erkennen wir eine Moral:

Da alles miteinander verbunden ist, löst jede Handlung, jeder Gedanke und jedes Wort unweigerlich eine Gegenbewegung aus. Daher sollte der Mensch sich und seine Gedanken prüfen, ehe er handelt. Das Schicksal ist kein wild gewordenes Pferd, das sich nicht zügeln lässt. Doch um dies zu erkennen, bedarf es eines klaren Blicks. Wenn ein Druide zur Tagundnachtgleiche den gestirnten Himmel betrachtet, so überlässt er sich dem Schauspiel der Sterne nicht zum Spaß. Er versucht vielmehr, die Gesetze und geheimen Entsprechungen hinter diesem Schauspiel zu verstehen, das Gleichgewicht, das in all dem herrscht. Und doch verliert er dabei nicht sein lebendiges Empfinden für die Schönheit des Himmels. Seine Weisheit ist die Frucht der Beobachtung und der Fähigkeit, sich selbst als einen Teil der Natur zu begreifen. »Die Natur überhäuft dich seit dem Tag deiner Geburt mit Wohltaten, und du hast keinen einzigen Gedanken für sie übrig?«, fragt ein Barde im Parzival-Zyklus, der die Geschichte des Helden, der sich mit reinem Herzen auf die Suche nach dem Gral machte, erzählt.

Die keltischen Weisheiten stammen aus jenen Tagen, als die Druiden in ihren Steinkreisen den Aufgang des Mondes und den Wechsel der Jahreszeiten mit lauten Rufen begleiteten. Damals basierte der Glaube auf Naturbeobachtung. Aus ihr bezog der Druide seine Weisheit, seine Kraft, seinen klaren Blick in schwierigen Zeiten. Die Weisheitsworte sind eine Antwort auf die Welt, in der wir leben, auf das Chaos und die Umweltverschmutzung, die darin vorherrschen. Sie gleichen unberührten Quellen klaren Wassers, die Leib und Seele nähren.

NATUR

Jeder Baum und Bach, das Wehen des Windes und der Gesang des Vogels müssen dir ebenso lieb und teuer sein wie deine Familie und deine Freunde. Werde dir dessen bewusst, dass sie von Leben beseelt sind. Lerne mit ihnen Zwiesprache zu halten, und sie werden zu deinen Verbündeten.

Erweise dem Baum deine Ehrfurcht zu Beltane[1] und schicke ihm deine guten Gedanken. Denn du musst wissen, dass in ihm alles alte Wissen, die allumfassende Weisheit liegt[2].

Vergiss nie, der Natur für ihre Segnungen zu danken, für die Wärme und den Schatten, die sie dir spendet, für ihr heilendes Wasser. In jedem Baum, jedem See, jedem Fluss, jedem Berg und jeder Quelle lebt ein Geist, dem du in deinen Träumen und Meditationen – wenn Geist zu Geist spricht – begegnen kannst.

---

1 Der Frühling
2 Im Bretonischen bedeutet *gwez* Baum und *gouez* Wissen.

Wende dich deinem eigenen Herzen zu. Lerne zu schweigen, wenn du Zwiesprache halten möchtest mit der Welt, die dich umgibt.

Lerne die günstigen Vorzeichen zu erkennen, die ein glückliches Schicksal verheißen.

Alles ist im Wandel. Alles ist dem Gesetz des Wandels unterworfen, die Launen der Menschen ebenso wie die Veränderungen am Himmel. Nichts ist fest oder endgültig. Kein Baum bleibt an seinem Platz, kein Fluss, der nicht eines Tages aufhört zu fließen. Da jeder Tag ein neuer Tag ist, erneuere auch du dich Tag für Tag.

Die Blumen des Frühlings kommen und vergehen mit ihm, ihr Duft aber bleibt noch lange im Gedächtnis der Menschen haften.

Betrachte die Natur, die dich umgibt, Felder, Wälder, Bäche und Hügel, als die eine Quelle, aus der du im Sichtbaren wie im Unsichtbaren wiedergeboren wirst, aus der du den Glanz der inneren Schönheit dieser Welt schöpfst.

Genuss ist eine unschuldige Daseinsfreude, ein Gefühl der Verbundenheit mit dem Leben in all seinen Formen, ein Leuchten, das nur das Band der Sinneswelt kennt und so frei ist wie Wind und Wasser, die um Felsen tanzen.

Die Erde ist unser aller Mutter. Mann und Frau sind mit ihr vertraut. Sie brauchen keinen Mittler.

Achte die Pflanzen. Betrachte sie als das erste Volk, das diese Erde bewohnt hat.

Widme dem Wunder des Lebens, seinem Geheimnis und Zauber, jeden Tag einen Gedanken. Danke unserer Mutter Erde, die Tag und Nacht unermüdlich kreist, und ihrem Boden, der reich ist, fruchtbar und sanft. Danke den wilden Tieren, unseren Brüdern, Hütern von Geheimnissen, die ihre Milch mit uns teilen. Mutig sind sie und wachen Sinnes. Danke der Sonne hinter den Nebeln, die die Höhlen erwärmt, in denen Bär und Schlange ihren Schlaf halten, danke ihr, die uns täglich weckt. Danke dem unermesslichen Himmel, der mit Sternen übersät ist, jenseits von allen Mächten und Gedanken, und doch tief in uns liegt. Möge er auch in unserem Herzen sein.

Lausche aufmerksam den Stimmen der Natur: dem Raunen des Windes, dem Gesang des Vogels, dem Knarren der Äste, dem Sprudeln des Wassers. Ihre alte Sprache lässt in dir ein Gefühl der Zärtlichkeit entstehen gegenüber allem, was lebt. Finde dein harmonisches Gleichgewicht wieder in der großen Gemeinschaft aller lebenden Wesen.

Die Luft ist unser Atem, der Geist unsere Inspiration, ein Strömen, das durch die Barden und Dichter zum lebendigen Wort wird.

Die Erde ist krank, seitdem der Mensch die Wälder niederbrennt und die Flüsse verseucht. Achte auf die Zeichen, die Wasser, Luft und Erde dir geben.

Achtung vor dem Leben heißt auch Achtung vor allen bedrohten Arten. Der Hirsch lebt seit zweitausend Jahren in Sümpfen und tiefen Wäldern, und nun verliert er durch die Schuld des Menschen sein Revier.

Für uns Menschenkinder gibt es kein größeres Geschenk als das Feuer. Und so schenken der Anblick der Sonne, ihre Wärme und ihr Licht uns Gesundheit und ein ehrenwertes Leben.

Wie viele Sandkörner gibt es am Strand?

Wie viele Grashalme auf der Wiese, wie viele Sterne am Himmel?

Könntest du sie alle zählen, wären die Segnungen der Schöpfung zählbar. Doch versuche erst gar nicht, ihre Zahl zu berechnen. Begnüge dich damit, der Schöpfung zu vertrauen. Genieße die Früchte dieser Welt und danke den Mächten, die sie sichtbar gemacht haben.

Jeder Weg ist ein geistiger Weg.

Begnüge dich nicht damit, die Natur nur mit den Augen zu betrachten. Berühre sie, schmecke sie, umarme sie wie eine Frau. Die Natur ist deine größte Wohltäterin. Sie wird dich die Unschuld des Augenblicks und die Klarheit der Dinge lehren. Deine Freude wird dann umso größer sein.

Die Anmut der Natur lässt unser Herz aufgehen. Sie erfüllt den Mittelpunkt unseres Lebens mit Bewunderung.

Es gibt einen Baum, den keiner sieht. Ich sitze in seinen Zweigen, und die gesamte Schöpfung verweilt in seinem Schatten.

Richte deine Augen auf die natürliche Einfachheit der Welt: den Himmel, das Licht der Sonne, die Bäume, die Blumen, das Lachen der Kinder. Wirf alles Unnötige ab. Werde leicht und rein wie der Himmel in den Bergen.

Gesegnet sei das Frühjahr. Gesegnet seist du, Haselnussstrauch, mögen deine Früchte wohlschmeckend sein und die Menschen von weit her kommen, um sie zu pflücken. Das sei dein Privileg. Gesegnet seist du, Hopfenpflanze. Gebe Gott, dass die Menschen dich pflegen, um sich aus dir ihren Trunk zu den Festtagen zu bereiten!

Pflanzen und Menschen wachsen, wenn der Mond aufsteigt, wenn Sirona[3] ihren Platz am Himmel einnimmt. Diese Zeit ist günstig für Keimung und Fruchtbarkeit und ein guter Zeitpunkt, um Vorhaben zu beginnen und zusammenzukommen.

Es liegt in der Natur eine Kraft, die niemand sich vorstellen kann. Wäre sie bekannt, wäre alles fade wie ungesalzenes Brot.

---

3   Der Mond

Die Begegnung eines Weisen mit der Natur ist wie ein Liebesakt. Am Waldessaum bedeckt er sich mit Blättern, im vollkommenen Einklang mit dem Geist des Waldes. Er atmet den Duft der Bäume, den zarten Wohlgeruch der Wiesen, die heilsame Luft der Anhöhen, betrachtet sich lange Stunden im Wasser der Quellen, taucht seine Hände ins Weltmeer und vereinigt sich mit der heiligen Erde in fiebriger Glut.

Versenke dich in die alten keltischen Flechtmuster, wie sie das Book of Kells schmücken. Sie sind das anschauliche Ebenbild von Mensch und Natur, wie sie in endloser Bewegung ineinander verschlungen sind, da sie sich überschneiden und bedingen. Es gibt in ihnen weder Bruch noch Trennung, denn alles wiederholt sich gemäß den Gesetzen der ewigen Wiederkehr. Das Betrachten dieser Bilder allein genügt, um den Menschen aus der Falle der Angst zu lösen und ihn frei und unbeschwert zu machen.

Im Sommer, wenn Lugnasa, das Fest des Gottes mit dem strahlenden Antlitz, begangen wird, lernt der Druide das Licht kennen. Er badet mit halb geschlossenen Augen im goldenen Schein der Sonne, und in seinem Leib keimt die Erde und es wachsen Blumen. In seinem Innersten spürt er die Göttlichkeit des Sommers.

Samhain[4] ist die Zeit, in der sich der Blick nach innen richtet. Folge dem Beispiel der Natur, wenn die Zeit der starken Fröste einsetzt und sie sich in die Tiefe zurückzieht, um ihre Kräfte zu erneuern und die Wiederkehr der Sonne vorzubereiten.

Die Nacht flieht. Doch wohin? Dorthin, woher sie gekommen ist. Alle Wesen kehren stets nach Hause zurück.

Herrscher über Welt und Tag, Krieger mit goldenem Haar, welche Hand hat dich in diese flammende Rüstung gekleidet? Der eifersüchtige Lauf der Jahrhunderte verschont deine Pracht, ewiger Frühling verschönt deine Jugend. So bemächtigst du dich des Himmels. Liebesschwüre begleiten dich ohne Unterlass[5].

Die Luft, die du atmest, ist kostbar, denn alle Wesen teilen sich den einen Atem: Tier, Baum und Mensch. Alle machen sich denselben Luftstrom zu eigen.

---

4 Der Herbst
5 Sonnenhymnus

Die Jahreszeiten der Natur sind auch die Jahreszeiten der Seele und des Leibes. Der Mensch erwacht im Frühjahr, behauptet seine Kraft und seinen Lebenswillen im Sommer, wird nachdenklich im Herbst und zieht sich im Winter in sich selbst zurück. So dreht sich das Rad, erfasst die Lebenden wie die Toten, die Sonne wie den Regen, die Nacht wie den Tag und tanzt mit ihnen in endloser Runde.

Die Natur zu kennen heißt sich selbst zu kennen.

Der Baum, den du Tag für Tag unverrückbar am Wegesrand stehen siehst, ist dennoch nie derselbe. Gewöhne dich nicht an die trügerische Erscheinung der Dinge. Lerne, voll Staunen zu sehen und zu beobachten, dann wirst du wahre Seligkeit erfahren.

Die Wälder werden dich mehr lehren als die Bücher. Bäume und Felsen werden dir Dinge offenbaren, die kein Gelehrter dir je beibringen kann.

Das Leben ist ein ewiger Zauber, ein Aufruf zum Morgen, ein Aufruf zum Danach.

Schweige und senke das Haupt, wenn die Nacht ihre königliche Herrschaft antritt. Dann wird die Musik deiner Schritte sein wie eine neue Sonne. Das, mein unsterblicher Bruder, ist die Welt, die wir gefunden haben: ein Stern am Himmel und das Meer zu unseren Füßen.

Erkenne die wahre Natur. Lege alle Vorstellungen, Gedanken und Meinungen ab. Erneuere dich und sei bereit, alles aufzunehmen, gleich einem leeren Gefäß, das darauf wartet, gefüllt zu werden.

Wind und Sturm sind Vorboten großer Veränderungen: der ruhigen Flüsse und Meere, der Sonne, die wiederkehrt. Sieh in den Prüfungen, die dir das Leben auferlegt, nicht Feinde, sondern Boten.

Und wenn uns keine andere Aufgabe zugeteilt wäre als die, den Lobpreis der Natur zu singen? Der äußeren Natur wie der inneren, die nicht voneinander getrennt sind, im Bewusstsein, dass dasselbe Leben, dieselben Kräfte uns durchfließen? Wir sind der Mittelpunkt eines Meeres voll glänzender Herrlichkeit, und doch haben wir das vergessen.

Wie sehen die Druiden die Natur? Als unendliche Harmonie, als nie endende Süße.

Gab es das Tal, bevor der Fluss es durchquerte, oder hat der Fluss das Tal gegraben? War der Sand vor den Wogen da, die sich am Ufer brechen, oder haben die Wellen den Fels zu Sand zermahlen? Weder das eine noch das andere. Alles ist miteinander verbunden durch das Gesetz des Ausgleichs und der Wiederkehr: Leben und Tod, Tag und Nacht, Liebe und Hass, Jugend und Alter. Darüber denkt der Weise nach, um die Gesetze der ewigen Wiederkehr zu verstehen.

Wer den Vogel nicht achtet, nicht den Berg und das Wasser der Flüsse, wer die Erde verwundet und die Luft, die er atmet, vergiftet, der missachtet das Wunder des Lebens. Er sieht die schlichte Schönheit in den Dingen nicht mehr, die jedem Lebenszeichen innewohnt und die den Menschen von Kindesbeinen an schützt, als sei sie ein Vogel mit goldenen Schwingen.

Befrage die große Stille eines Waldes, der von geheimem Leben erfüllt ist. Was genau ist diese Stille? Und sie wird dir antworten: »Dies ist das Große Geheimnis! Die heilige Stille ist seine Stimme seit Beginn der Welt.«

Die Natur ist die Spenderin der Wahrheit, des Lichtes im Herzen, der Besänftigung der Angst und des Trostes im Leid.

Der Morgen ist gekommen, die Zeit des Lichts für jene, die des Nachts gewacht haben: Der Augenblick des Scheidens ist da, wenn der Wachende die Fackeln gelöscht hat. Dann ist der Augenblick gekommen, sich der Sanftheit zu öffnen.

Wenn der Sturm losbricht und in den Lüften heult, wenn die Winde unter Blitzen den dröhnenden Wagen herumwirbeln, der den Donner trägt, dann erscheinst du, lächelst und tröstest die Erde. Aber vielleicht, oh Sonne, ist dir nur eine Jahreszeit gegeben; vielleicht erleidest du, zusammenbrechend unter der Last des Alters, eines Tages unser aller Schicksal. Dann wirst du die Stimme des Morgens nicht mehr vernehmen und schlafen zwischen den Wolken.

Jeden Tag erhebst du dich aufs Neue, Sonne des Lebens! Füllst die Herzen aller mit neuer Leidenschaft, oh du, Vater und Mutter meiner Seele!

Die Natur liebt es, mit sanften Gesten getröstet zu werden. Lerne, die Pflanzen zu liebkosen, die Rinde der Bäume zu streicheln, Zwiesprache zu halten mit dem Bach oder dem Vogel, der in der Sonne singt.

Ein Komet mag Vorbote des Todes sein, aber er kündet auch von neuem Leben, denn Tod und Geburt sind bekanntlich eins. Nichts wird geboren, das nicht stirbt, und nichts stirbt, ohne wiedergeboren zu werden. Eines geht im anderen auf und vollendet sich in ihm.

Vieles enthüllt der Wind dem, der zu hören versteht.

Im Sommer, beim Beltanefest, sind die Kräfte von Erde, Himmel, Wasser und Luft im Gleichgewicht. Der Winter ist der Tod, der seinerseits im Frühjahr stirbt.

Diese Eiche war schon alt, als ich zur Welt kam. Nun bin ich alt und werde bald sterben, doch dieser Baum wird weiter wachsen, stark und kraftvoll. Wir sind winzige Geschöpfe, und unser Leben ist kurz. Doch es ist lang genug, um zu lernen, was uns aufgegeben ist und was wir wissen müssen.

Alles, was lebt und atmet, ist mit deinem Fleisch und dem Geheimnis deines Blutes verbunden. Wir sind eine große Familie.

Sieh, welche Haltung ein Tier beim Schlafen einnimmt. Es ist das Ebenbild des Glücks. In sich zusammengerollt, nährt es sich von seiner eigenen Kraft. Wieder zum Kind geworden, erneuert und regeneriert es sich.

Unglückliche Menschen gehen über diese Erde, ohne sie zu begreifen. Sie laufen herum wie die Geister von Toten, getrennt von der Welt, gefangen in ihrem eigenen Schmerz. Ihre Gedanken sind wie schwere, schwarze Wolken voller Bitterkeit und Trauer. Tue es ihnen nicht nach. Erwache. Kehre in die Welt zurück. Finde den Weg zur Sonne wieder.

Ich strecke mich im Gras aus, spüre die Zartheit, die mich durchströmt, bis ich eins bin mit den Wiesen, der grünenden Natur, den Spuren der Wolken und dem Flug der Vögel.

Ich habe aus dem Buch der Natur gelernt, aus den Felsen, den Blättern, dem Gras und den Bächen. Wir haben gelernt, das zu tun, was Aufgabe aller ist, die die Natur lieben: die Schönheit zu fühlen.

Krankheit und Tod

Der kranke Mensch wird von Trugbildern bedrückt. Er bedarf der Sonne, die die Schatten vertreibt, bedarf ihres Lichtes und ihrer Wärme. Er braucht die Berührung mit Baum und Stein, damit sein Körper genesen kann.

Der Druide lässt seinen Geist nicht von der Angst vor dem Tod beherrschen. Er weiß, dass der Tod nicht existiert, dass der Fluss der Zeit einer endlosen Spirale gleicht.

Der Fluss ist klar und rein. Die Schatten, die auf seiner Oberfläche tanzen, sind nicht seine eigenen, sie gehören zu den Bäumen und den ziehenden Wolken. Ein freier Mensch gleicht dem Fluss. Er weiß, dass die Schatten, die seinen Geist verdunkeln, nicht die seinen sind.

Die Krankheit des Körpers ist zuallererst eine Schwäche des Geistes, der sein Bündnis mit der Natur gebrochen hat. Nun steht er allein, von allem getrennt, und es fehlt ihm die Hilfe seiner natürlichen Verbündeten.

Der Kranke kann genesen im Kontakt mit Bäumen, in der Seligkeit des Waldes. Er badet seinen Körper, setzt ihn der Wärme der Sonne aus, dem Plätschern der Quellen, den Liebkosungen des Windes. So heilt der Druide, was zerbrochen ist. Er versenkt sich in die Ganzheit der Natur und erneuert so seinen Leib.

Wenn du leidest, so lenke deinen Geist durch Meditation von deinem Leiden ab. Führe ihn an einen Ort, wo die Krankheiten der Menschen nicht existieren, dorthin, wo das Licht der Sonne scheint und sich mit dem Wogen der Wellen oder dem Flug der Vögel verbindet. Derart frei von allen Erwartungen fördert der Geist die Heilung des Körpers.

Hindernisse sind keine unbezwingbaren Mauern, sondern Stufen, die man emporsteigt, Prüfungen, Unterweisungen auf dem Weg des spirituellen Fortschritts, den der Mensch geht.

Wenn der Leib aufhört zu atmen, öffnet er sich nach innen und kehrt zur Wurzel zurück, dorthin, wo die Welten sich berühren. Viele Wege breiten sich vor ihm aus. Der Tod ist nur die Schwelle zu einer langen Reise.

Jeder negative Gedanke bemächtigt sich deines Geistes wie ein Dieb oder Verräter. Er sät Angst und Verwirrung und bereitet voller Heimtücke den Boden für Krankheiten. Verjage ihn, und du wirst ein langes Leben haben.

Heile dein Herz, ehe du deinen Körper zu heilen versuchst. Steht es recht um dein Herz, so wird jede Arznei wirksam sein.

Der Mensch wird krank, wenn er mit sich selbst uneins ist. Zweifel, Angst und abergläubische Vorstellungen füllen seinen Geist aus und wüten wie feindliche Heere auf einem Schlachtfeld. Die Gesetze der Harmonie werden gebrochen. Die Eingeweide entzweien sich, Herz und Nieren sind sich fremd und bekriegen sich, bis vom Körper nur noch ein Ruinenfeld bleibt. Der Weise duldet nicht, dass sich Verwirrung, die Mutter aller Krankheiten, in seinem Geist breitmacht. Er ist stets auf der Hut und stellt am Tor seines Geistes eine Wache auf.

Nimm den Leidenden bei der Hand. Lass ihn nicht allein in seiner Bewährungsprobe. Lerne zu tun, was ihm Heilung bringt: Lass deine Atmung eins mit seiner werden, lass dich erfüllen von seiner Gegenwart, lass dich von ihm durchströmen. Vereine deinen Geist mit seinem, und du schenkst ihm wirklich deine Gesundheit und deine Kraft.

Der Druide Fingal verwandelte sich, um seine Schwermut zu bekämpfen, in einen Lachs und schwamm den Fluss bis zu dessen Quelle hinauf. Da erkannte er die tiefe Bedeutung der Reise, die er gerade unternommen hatte, und ließ sich von der Freude des Flusses tragen.

Lerne, gleich dem weisen Lachs, zu deiner Quelle, zu deinen Ursprüngen zurückzukehren. Gehe während deiner Meditation zurück in der Zeit. Suche die Orte deiner Kindheit auf, finde ihre Wälder, ihren Himmel, ihre Umgebung wieder. Sammle in deinem Geist einen Vorrat von Bildern und Empfindungen an. Dies ist die wahre Quelle der Freude.

Um die Kraft von Mutter Erde zurückzuerlangen, muss der Mensch das Wasser der heiligen Quellen trinken. Er kennt die rituellen Gesänge der Barden. Er trinkt, um seinen Leib zu heilen, bringt dem Gott der Quelle ein Opfer dar und streckt sich auf der Liegestatt aus, die für den Pilger bereitsteht. In dieser Nacht, wenn der Geist des Wassers ihn in seinen Träumen besucht, wird seine Heilung vollkommen sein.

Angst ist nur ein Schatten. Betrachte sie im hellen Licht deines Geistes und sie wird verschwinden.

Ein schwacher Mensch muss mit aller Kraft das Herz des Bären anrufen, wenn er Fülle, Macht und das starke Gefühl zu leben zurückerlangen will. Der Druide lernt, wie er sein Totemtier erkennt. Er ruft es an, wenn er seine Hilfe braucht, macht es durch seine intensive Meditation sichtbar und verleibt es sich schließlich ein.

Rufe deinen Verbündeten, dein Totemtier, das dir stets einen Vertreter seiner Gattung schickt. Mit diesem kannst du auf die innere Reise gehen, welche die kranke Seele reinigt. Dies gelingt, wenn du deinen Geist auf die richtigen Bilder konzentrierst und diese mit Liebe umgibst. So werden sie von Leben erfüllt und beginnen zu wirken.

Stell dir vor, du liegst im Sterben: Dein Atem schwindet, deine Glieder werden kalt, dein Augenlicht verdunkelt sich und aller Lärm um dich hört allmählich auf. Bist du im Frieden mit dir selbst? Hast du Angst? Wenn du dir deinen Tod gut vorstellen kannst, weißt du, wie es um deine Seele bestellt ist.

Auch der Tod ist Teil des Kreislaufs der Großen Natur. Betrachte ihn als ewige Wiederkehr.

Die Götter sind ihren Kräften und ihrer Weisheit zum Trotz nur sterbliche Wesen. Sie durchwandern die verschiedenen Lebenszeiten zwar in unterschiedlicher Gestalt, ihr Geist aber bleibt sich gleich. Manche von ihnen haben die Fähigkeit, sich ihrer Wandlungen zu erinnern. Ähnlich steht es um den Menschen, der im Sterben liegt. Er wird in vielerlei Gestalt immer wieder zurück ins Leben gerufen. Der Tod ist nur eine Sonnenfinsternis am Himmel, ein kurzer Augenblick, ehe die Sonne wiederkehrt.

Der göttliche Schöpfer könnte, wenn dies sein Wille wäre, uns diese Prüfung ersparen, doch es gehörte nie zum göttlichen Plan, uns von dieser Erfahrung auszunehmen, selbst wenn unser Leben reiche Frucht getragen hat. Es hat keinen Sinn, gegen das Schicksal anzukämpfen. Am Ende unserer Suche steht immer der Tod, der allein uns über die Schwelle zur Unsterblichkeit führen kann.

Die Schlange stirbt nicht, wenn sie ihre alte Haut abwirft. Auch der Mensch wird nicht ausgelöscht, nur weil sein Körper verschwindet.

Heute bist du stark und gesund, voller Lebenskraft. Doch werde nicht überheblich bei diesem Gedanken. Jederzeit kann Krankheit dich heimsuchen, kann der Tod an deine Tür klopfen und den Lauf der Zeit verändern. Erfreue dich deiner guten Gesundheit, solange du sie hast, aber lasse sie nicht die einzige Quelle deiner Freude sein. Lerne noch heute, die Stille zu lieben und zu schätzen. Dann kann das Verrinnen der Zeit dir nichts anhaben.

Du bist nicht allein mit deiner Krankheit. Lerne, mit dem Auge des Geistes zu sehen, und du wirst erkennen, dass die Dinge selbst Mitleid mit den Menschen haben.

Wenn du dich deinen Leidenschaften und Wünschen überlässt, so sei dir bewusst, dass du eines elenden Todes sterben wirst. Entsagst du ihnen jedoch, so wirst du in aller Klarheit sehen, woher du kommst und wohin du gehst.

Die Auflösung des Körpers ist nur für jene wahr, die einzig mit den Augen des Leibes sehen. Mit dem Auge des Geistes erkennen wir, dass sich das Leben in einer langen, unendlichen Spirale fortsetzt. Nichts kann den Fluss des Lebens aufhalten, kein Fels, kein Strudel, kein tiefer Wasserfall. Er folgt seinem Lauf, wie auch immer sich die Zeiten und die Dinge um ihn herum verändern mögen.

Deine Gedanken sind Gefangene des Windes, der im Winter weht. Sie sind zerbrechlich wie die Äste eines laublosen Baumes, schwer wie die Eisschollen, die auf dem Fluss treiben, finster wie das Innere der Erde. Erkenne die Ursachen deiner Verzweiflung, sie spiegeln sich wider in der Natur, die dich umgibt. Du wirst verstehen, dass nichts endgültig ist und alles von Neuem beginnt, so wie der Frühling aus dem kalten Leib des Winters schlüpft.

Nichts stirbt für immer. Ich sehe meinen Vater, sehe meine Mutter, wie sie in der langen Reihe der Ahnen an der Tafel der Götter sitzen.

Sieh nur! Einmal mehr ist der Sommer zurückgekehrt. Die Bäume tragen Frucht, und die Menschen bestellen im herrlichen Sonnenschein Gerste und Weizen auf den Feldern.

Die Geister, die Krankheit bringen, kündigen sich bisweilen im Traum an. Du kannst sie verscheuchen, wenn auch deine Verbündeten in deinen Traum herabsteigen. Rufe sie an, bevor du einschläfst, und unterstelle deine Träume ihrem Schutz.

Versorge die Bäume, die Flüsse, die kranken Tiere, und der Geist der Heilung wird mit dir sein.

Finde die Begeisterungsfähigkeit eines Kindes wieder. Betrachte die Schönheit der Welt, vom einfachen Grashalm bis zum fernsten Stern. Die Last, die du trägst, ist nicht mehr als ein Schatten auf einer Wolke, ein Rascheln von Flügeln, ein Kräuseln auf der Oberfläche des Wassers. Auch sie ist Teil der zauberhaften Natur der Welt.

Fehlt es an Harmonie zwischen Körper und Seele, wird am Ende der Teil krank, der am wenigsten Liebe erfährt.

Ob in Kummer oder Freude, Glück oder Leid, unsere natürlichen Reaktionen sind wie ein Korken, der frei auf den Wellen tanzt.

Als Kinder haben wir eine Zeitlang in den Wäldern gespielt, eine Zeitlang waren wir damit zufrieden, unsere Freunde zu sehen. Doch höre das Ende dieser Geschichte: Was ist mit uns geschehen? Wir sind gekommen wie die Wolke und gegangen wie der Wind.

Richte deinen Blick nach innen. In deinem tiefsten Inneren, im Herzen deines Herzens, gibt es einen Ort, wo alle Kräfte versammelt sind: Leben, Heilung, Fruchtbarkeit und die Geheimnisse von Tod und Wiedergeburt.

Im Augenblick des Todes, wenn die Seele sich vom Leib trennt, ihn ablegt wie ein altes Gewand und ihn der Erde zurückgibt, schafft sie einen neuen Leib aus ihrem alten Licht.

Woran werden wir uns in zwanzig Jahren erinnern, wenn der Leib von Essen und Liebe gesättigt ist? Weine nicht über die Jahre, die du verloren glaubst. Alles ist dem Wandel unterworfen, das geliebte Kind, das verletzte Kind, Mütter und Töchter, Heidekraut und lebende Eichen.

Mache dir den Segen der Nacht zunutze. Die Stunden der Dunkelheit heilen das menschliche Herz und sorgen für einen fröhlichen Tagesanbruch.

Habe keine Furcht vor dem Tod. All die Sonnen, die uns ihren Glanz noch nicht geschenkt haben, werden für dich scheinen, und du wirst wieder einen Körper und wieder Augen haben, um sie zu sehen.

Segne alle, die an körperlichen Gebrechen leiden. Der Blinde lernt mit einer Schärfe Dinge zu hören, die die anderen nicht kennen: das leiseste Rascheln eines Blattes, das Knacken eines Zweiges. Der Taube lernt mit Schärfe zu sehen. Er versteht, indem er die Bewegungen der Lippen liest. Du, der du weder blind noch taub bist, siehst dennoch nur einen Teil der Wirklichkeit. Deswegen haben die Druiden von Cork einen Blinden zu ihrem Meister gewählt.

Wenn den Kranken, der am Abgrund des Todes steht, seine Kräfte verlassen haben, wenn er das Bewusstsein verliert, so hört er nicht mehr, spricht nicht mehr, denkt nicht mehr. Seine Sprache zieht sich zurück mit allen Worten, der Blick mit allen Formen, das Gehör mit allen Tönen und der Geist mit all seinen Gedanken. Wenn dieser Mensch seinen Körper verlässt, nimmt er all das mit sich.

Der Vogel, der gesund werden will, setzt sich den Strahlen der Sonne aus, sucht das Licht, die Kraft, die das Leben gibt und erneuert. Flüchte dich nicht ins Dunkel, als ob du sterben möchtest. Setze dich dem Feuer der Sonne aus, lasse ihren Geist in dir sprechen, er wird deine Seele stärken und deine verlorene Lebenskraft wieder entfachen.

Wenn du innerhalb eines einzigen Tages tausend Mal stirbst und tausend Mal wiedergeboren wirst, entdeckst du vielleicht ein Leben, in dem du niemals sterben musst.

Wie kann man Mensch und Natur heilen? Versöhne dich mit dem Universum, das dich umgibt, wie es Nuada Silberhand getan hat, nachdem er sich seinen Angehörigen anvertraute: »Ich werde Rat halten mit allen, die gegen uns sind, und ich werde mit einem feierlichen Eid ein Bündnis mit allen besiegeln: mit Feuer, Wasser, Eisen, Steinen, Erde, Wäldern, Krankheiten, wilden Tieren, Vögeln und Giftschlangen, mit allem, was sich in den neun Welten regt und bewegt!«

Nütze deine Träume, um dich zu heilen, um zu lieben und den Leidenden Linderung zu bringen.

Betrachte jeden Augenblick als neuen Morgen, und du wirst nicht mehr länger altern.

Die kleine graue kahlköpfige Krähe und die Lerche, deren Bett der Himmel ist, müssen dorthin gehen, wohin auch der Ruhm der Menschen und die Menschen selbst gehen müssen.

Jeder, der gekommen ist, ist wieder gegangen. Ein jeder, der jetzt kommt, wird gehen müssen, und ein jeder, der noch kommen wird, wird wieder gehen müssen – dorthin, wo die Gnade Gottes endlos ist.

Wenn sich die Morgendämmerung erhebt, streift die Sonne die Nacht ab wie die Schlange ihre alte Haut. So erneuert sich die Welt in regelmäßigem Rhythmus: fruchtbar, reich und unerschöpflich.

Kraft und Macht des Geistes

Schon früh, ich war noch ein Kind, habe ich gelernt, meinen Geist zu wecken. Damals begann ich zu sehen. Es fing an mit den Flammen des Torffeuers, das so schön rot und golden leuchtet. Nicht jeder Druide besitzt diese Gabe, doch Gern-yfhain konnte in die Flammen blicken und sah. Als sie in mir diese Gabe geweckt hatte, saßen wir lange Stunden nebeneinander vor dem Feuer. Dann fragte sie mich, was ich gesehen hatte, und ich erzählte es ihr.

Vielerlei Gestalt hatte ich, bevor ich geboren wurde: Ich war das Sonnenlicht auf einem Blatt, der Strahl eines Sterns, die Laterne an einem Hirtenstab, ein Säuseln im Wind, eine Schaumblase im Bier, die Saite einer Harfe, ein Funken im Feuer, eine Brücke über sieben Flüsse. Schon der bloße Gedanke daran vertreibt alle Furcht und macht mich frei.

In jedem Menschen gibt es eine Lichtung für die Geister, die er aufsuchen kann, wann immer er will. Er muss nur Einsamkeit und geistigen Frieden suchen, dann erlangt er magische Kräfte.

Die Welt der Menschen ist nicht mehr die, die sie einst war. Der Mensch hat seine wunderbaren Flügel eingezogen und sie Schicht um Schicht unter dem Vergessen begraben. Daher weiß er nicht mehr zu fliegen und wie die Göttin Morgane im Federharnisch in Gestalt eines Falken oder Raben seine Bahn am Himmel zu ziehen.

Sieh diese Welt mit einem anderen Blick, lerne mit neuen Augen zu sehen. Wenn auch viel Zeit verstrichen ist, so ist dennoch nichts verschwunden. Du musst nur ein Blatt aufheben, einen Stein verrücken, einen Busch zur Seite schieben, um das Raunen und Rauschen der anderen Welt zu vernehmen. Hier leben in einem Rausch von Rhythmen und Farben Gnomen, Elfen und die Geister der Natur.

Du erwachst in der Nacht, dein Schlaf ist unruhig. Ein böser Geist quält dich. Besiege ihn mit guten Gedanken. Stelle dir vor, wie ein Schwarm goldener Vögel deinen Leib ~~davon~~trägt, in Licht gehüllt und leicht wie eine Wolke. Lass aus deinem Herzen einen Regenbogen entstehen.

Denke die Welt nicht länger mit dem Kopf, sondern mit dem Herzen. Mach dich frei von Fesseln des Irdischen und seiner Schwere. Werde so leicht wie Elfe und Vogel.

Suche dir einen Verbündeten, sei es ein ~~Baum, ein Fluss oder ein Tier~~ *eine Apfel oder Blume*, zu dem du ein ganz besondere, starkes, gefühlsbetonte Beziehung hast. Wähle ihn, wie man einen Freund wählt, um seiner Leuchtkraft, um des Gefühls willen, das er in dir auslöst. In schwierigen Momenten genügt es, wenn du die Augen einen Moment lang schließt, um dir sein Bild ins Gedächtnis zu rufen, und er wird dir antworten.

Lerne mit dem ~~Tier~~ *Bild* zu reden wie mit einem Bruder. Beobachte es. Sieh, wie es lebt. Versuche, seine Träume zu erkennen. Werde eins mit ihm in der Stille des Geistes, achte auf seine Gefühle. Allmählich wird seine Seele sich dir öffnen, und es wird dir seine Liebe und seine Kraft schenken.

Oft wird die Kraft im Traum übertragen, in Gestalt von vielfarbigen Gesichtern, von Worten oder Liedern, die aus den Tiefen auftauchen. Totemträume sind leicht zu erkennen. Du erwachst am Morgen mit dem Gefühl heftiger Sehnsucht. Wirst du oft von solchen Träumen heimgesucht, so wisse, dass sie die Geburt einer neuen Gabe anzeigen.

Übe dich darin, dich geistig in zwei Welten gleichzeitig zu bewegen, auf zwei verschiedene Arten zu denken. Sage dir, dass des Nachts der Träumer seine Träume beobachtet, dass aber, sobald er erwacht ist, seine Träume ihn beobachten, ihm folgen, um sich mit seinem Leben zu verbinden. Versuche, deine Wahrnehmung zu ändern, und du wirst die Welt mit magischen Augen sehen.

Setze nicht das Sichtbare gegen das Unsichtbare, die Welt der Dinge gegen die Welt des Geistes. Das wäre so, als würdest du behaupten, Eis sei kein Wasser.

So wie dir das Wasser zwischen den Fingern zerrinnt und du es nicht fassen kannst, so durchziehen Gedanken und Gefühle deinen Geist. Sie verweilen nicht, doch immer nähren und verwandeln sie dich.

Wenn der Geist zur Ruhe kommt, lösen sich alle Fesseln. Alles kann frei und ohne Spannungen durch dich hindurchfließen: Ahnen, Geister, Wunder, Magie. Alle Straßen stehen offen, in dieser Welt ebenso wie in den anderen.

Ich habe den Ring gefunden, von dem die Legenden erzählen, den Ring, der heilt und das Leben erneuert. Durch ihn sehe ich alles neu. In jedem Sternenhimmel sehe ich ein Auge, in jedem Auge sehe ich einen König.

Werde wieder der Herr deines Willens, der vollkommene Herrschaft über sich selbst besitzt. Packe deinen Willen mit sicherer Hand wie einen kleinen, harten Stein ins Leder deiner Schleuder. Schleudere ihn mit der Kraft deines Begehrens. Er hat die Macht, Mauern zu durchbrechen.

Wähle deine Beschützer, Tier, Fels oder Baum. Gib ihnen Namen der Macht, die alle Facetten deines Geistes widerspiegeln: Kraft, Mut, Geschicklichkeit, Klugheit, die Gabe der Voraussicht, aber auch Angst, Sorge, Schuldgefühle … So wirst du zum Herrn deiner selbst. Die Namen der Macht schützen den, der sie ausspricht. Sie sind sein Ritualgewand, seine Waffen in schweren Zeiten.

Schule deinen Geist darin, die Dinge anders zu sehen. Kehre zur Sicht der Alten zurück, und alle Macht wird dir verliehen werden.

In unseren nächtlichen Träumen berühren wir das andere Ufer, wo wir mit unserem Körper und unseren Empfindungen auf andere Weise wirklich sind. Von allen unbekannten Welten ist dies die Welt, die uns am nächsten liegt.

Ändere deinen Blick auf die Dinge. Das aufsteigende Licht erhellt nicht nur das Land. Es steigt auch in dir auf, aus den Tiefen deines Geistes. Werde dir am Morgen im Angesicht der Sonne der Kraft bewusst, die dir gegeben ist.

Die sichtbare Welt ist nur ein Teil, ein Abbild, ein Augenblick im ewigen Fluss, gleich einer Welle im Meer oder einer Falte im Stoff eines Gewandes. Es gibt nicht eine, sondern eine Vielzahl von Welten.

Setze dich zu Füßen einer Pflanze nieder und grüße sie mit deinem Herzen und deinen Gedanken. Meditiere über ihre Gegenwart. Sie wird dir ihr Licht und ihren Segen schenken.

Der Dorfnarr ist der Liebling der Götter. Treibe keinen Spott mit ihm, denn er spricht Worte der Weisheit.

Wenn du nach außen schaust, erblickst du das Gesicht des Menschen. Willst du etwas anderes sehen, so wende dich um. Sich umwenden aber heißt, den Blick nach innen zu richten, wo wir anderes sehen als den Menschen.

Wenn du dich schwach fühlst, dann sammle deinen Geist tief in dir und pflanze dein Herz mit der Kraft des Willens in die Brust eines Bären oder in die Wurzeln einer Eiche. Dein Mut wird zu dir zurückkehren mit der Macht eines reißenden Flusses.

Drei Dinge sind nötig, um Wissen zu erlangen: ein Herz, das denkt, eine Zunge, die spricht, ein Gedächtnis, das die Dinge erfasst und bewahrt.

In den Erinnerungen der Kinder sind alte Wahrheiten beschlossen. Die Erde erinnert sich. Im Schnee und im Rauschen der Wälder liegen alte Erinnerungen.

Im Angesicht des Nichts bin ich mit aufgerissenen Augen zum Vogel geworden, mein Taumel hat die Gestalt zweier ausgebreiteter Flügel angenommen, die in der Luft schlagen. Dies ist eine der vergessenen Fähigkeiten des Menschen, die ihn nun verstören.

Lerne vom Tier List und Geduld, ohne böse Hintergedanken, nur um deine Sinne zu schärfen.

Unsere vergessenen Kräfte gleichen den eingezogenen Flügeln eines kranken Vogels. Die ganze Kraft der Sonne ist nötig, um sie wieder zum Leben zu erwecken, die Klarheit und Tiefe des Geistes, die ebenso rein sind wie die Wasser des Sees von Cairn.

Für den, der glaubt, wie es die Alten taten – von ganzem Herzen und mit ganzer Seele –, ist es möglich, die Geister zu sehen.

Stelle Blumen neben deine Liegestatt. Ihr Duft bereitet glückliche Träume und begünstigt Begegnungen mit den Ahnen und Liebschaften im Land der Elfen. Bereite dich auf den Schlaf wie auf ein wichtiges Ritual vor, denn du unternimmst eine große Reise.

Der Druide Fingal glaubte, dass man einen Fels mit der Kraft der Gedanken versetzen kann, so wie Merlin es getan hat. Man müsse nur in geheime Zwiesprache mit ihm treten, tief im Inneren seinen Geist suchen und ein Bündnis mit ihm schließen.

Meine Kraft, mein Selbstvertrauen und meine Seele sind in einer Bergfestung über der großen Schlucht verwahrt. In dieser Festung steht eine eiserne Truhe mit drei Tauben: Die erste ist meine Kraft, die zweite mein Selbstvertrauen und die dritte meine Seele.

Stille alte Eiche, es gibt in mir einen Geist, der nicht ruht. Es gibt in meinen Knochen einen Geist, der kämpft, dass ihm Flügel wachsen, einen Vogel, der sich nach Freiheit sehnt. Ich träume von ihm. Ich sehe ihn hoch am Himmel. Seine Schwingen sind mächtig. Schillernd kreist er über den Wolken.

Wähle eine Lichtung im Wald, zu der es dich hinzieht und die mit dir zu sprechen scheint. Dort suche mit Auge und Herz einen Baum. Lass dich zu dem hinziehen, der dein Totembaum sein wird. Lege deine Hände auf seine Rinde und sage Worte der Freundschaft und der Wertschätzung zu ihm. Rede mit ihm wie mit einem Beschützer. Dein Eifer wird dich die rechten Worte finden lassen. In schweren Zeiten schließe die Augen und denke an deinen Baum, wie er in diesem Augenblick auf seiner Lichtung steht. Rufe ihn an und er wird dir Kraft und Schutz geben durch einen Austausch eurer Energien.

Ich stelle mir einen Turm vor, hoch und schlank, dessen Zinnen sich gegen die Sonne abzeichnen. Ich erbaue ihn in meinen Träumen. Werde ich die Macht haben, ihn hier vor mir, an der Flanke des Hügels, Wirklichkeit werden zu lassen? Merlin hat das getan. Er konnte sich in leiblicher Gestalt und mit allen Empfindungen frei zwischen dem Traum und der anderen Welt bewegen. Der Traum war für ihn nicht minder wirklich als seine Einsiedlerhütte. Man kann lernen, im Traum zu reisen, doch bedarf es dazu großer Überzeugung und Willenskraft, und wir müssen die Welt mit anderen Augen sehen.

Die Kraft zu heilen wird dem gegeben, der Liebe und Mitgefühl für die Natur und das Universum als Ganzes empfindet. Als Lohn empfängt er die Macht, im Einklang mit der Großen Natur auf seinesgleichen einzuwirken.

Den Geist eines Baumes, eines Tieres, eines Flusses oder auch der Sonne anzurufen ist kein abergläubisches Tun. Es ist eine Geste der Liebe und der Dankbarkeit, die den Kreis der menschlichen Liebe erweitert.

Der Geist der Blumen ist eine Fee, die dem leiblichen Auge verborgen ist. Du kannst sie lieben und umarmen wie eine Frau, wenn du dir die Zeit nimmst, dich an ihrer Schönheit zu laben.

In den Dingen liegt ein geheimes Leben verborgen. Lerne es anzurufen und es wird sich dir zeigen.

Wie willst du den Blick des Weisen täuschen, der tief hinter die Oberfläche der Dinge zu blicken vermag? Um seine Sehergabe in Zweifel zu ziehen, führte man drei Mal denselben Mann, jedes Mal in anderer Verkleidung, vor Merlin. Und jedes Mal sagte Merlin dem Mann einen anderen Tod voraus: dass er von einem Felsen stürzen, an einem Ast aufgehängt, ja, dass er ertrinken würde. Man verlachte Merlin, doch seine Prophezeiungen bewahrheiteten sich, denn jener junge Mann stürzte von einer hohen Klippe, verfing sich in den Ästen eines Baumes, in denen er eine Zeitlang kopfunter hängen blieb, um schließlich in die Fluten zu stürzen und zu ertrinken.

Die Sterne und die Augen des Menschen sind auf seltsam innige Weise miteinander verbunden. Das Bewusstsein des Körpers lässt das Universum wahrnehmen und fühlen, und allein durch die Kraft der Augen leuchten die Sterne.

Drei Dinge stützen die Welt: die Suche, das Bewusstsein, die Weisheit.

Dreien ist schwer Einhalt zu gebieten: dem reißenden Wasserfall, dem Pfeil, der vom Bogen schnellt, und dem Geplapper des Narren.

Mit einem Tier zu verschmelzen ist eine schwierige Übung. Du musst lernen, seinen Gang nachzuahmen und die Art, wie es atmet. Du musst deinen eigenen Körper vergessen und dich ganz in den Leib des Tieres mit seinen Empfindungen hineindenken. Dies ist eine der Fähigkeiten, welche die Menschen verloren haben. Es fehlt ihnen an der geistigen Kraft und an der Macht der Konzentration, welche ihre Vorfahren besaßen.

Sage Dank für die täglichen Arbeiten. Vergiss nicht das Vorbild der Ahnen. Wenn sie eine neue Pflugschar schmiedeten, stimmten die Druiden folgenden Gesang an die Sonne an: »Himmlischer Schmied, zu deiner Ehre brauen wir das wohlschmeckende Bier und bringen es dir bei unserer Feldarbeit im Frühling dar.«

Vernachlässige nicht die Kraft der Musik, welche auf deinen Tiefsinn wirkt. Wenn der Barde Taliesin die Harfe spielte, versammelten sich die wilden Tiere und die Vögel des Himmels, um ihm zu lauschen.

Wozu kann es nützen es, sich am Rande eines Abgrundes, auf einem steilen Felsen, in der Meditation zu üben, wie die Druiden der Aran-Inseln es lehrten? Die Nähe des Abgrunds erinnert den Menschen daran, dass er einst fliegen konnte.

Betrachte die Welt mit einem magischen Auge. An einem Gewitterabend lässt der von Blitzen durchzuckte Himmel mit leichter Hand andere Formen, andere Wirklichkeiten entstehen. Das Schnalzen seiner Peitsche wird zum Donner, die Funken, die aus seiner Lanze schlagen, erhellen als Blitze den Himmel, der Huf des Pferdes spaltet Schluchten, und das Wehen seiner Mähne ist wie Schneegestöber. Lasse das Magische geschehen, es ist die andere Seite der Wirklichkeit.

Wir haben eine Aufgabe: Wir müssen in unserem Herzen die weiten Ebenen des Friedens zurückerobern und sie auf die anderen ausdehnen. Ein jeder versteht das, doch niemand handelt danach.

Wenn du den Glanz eines großen Namens suchst, musst du fähig sein, dein Leben hinzugeben. Wenn nicht, verweile im Schatten des Baumes und lerne die Weisheit und Geduld der Dinge. Auch ihnen wohnen der Glanz und die Größe der Welt inne, und du hast an ihrer Herrlichkeit teil.

Verwende Gleichnisse und Bilder. Sie erlauben dir zu verstehen, was sich dem Verstand entzieht, auszudrücken, was mit Worten nicht gesagt werden kann.

Begreife, dass jeder Gedanke unfruchtbar ist, wenn du ihm nicht durch Gefühl und Empfindung Leben einhauchst. Er gleicht dann einer leeren Muschel.

»Was wir getan haben, können andere tun«, sinnt der Gott Lug, über das Ufer eines Baches gebeugt, in dem sich sein von Stolz und Trauer gefärbtes Lächeln spiegelt. Mit großer Zärtlichkeit gedenkt er der Männer und Frauen, der Kürze des Lebens, der Macht des Schicksals, das manchmal als größte Schwäche erscheint, ehe es in den Himmel emporschießt wie ein Stern. Er hat es seinen seltenen Besuchern im Schatten des Unterholzes, am Rande einer Quelle, geschworen: Der sterbliche Mensch ist göttlicher Natur. Er entstammt dem Zauber eines Gottes.

Denke in Bildern, präzisiere deine Gedanken. Fasse alles in einem Symbol zusammen, das zu einem Pentagramm wird, mit dem du meditieren kannst.

Wenn der Geist unbewusst in einen Zustand tiefer Empfänglichkeit gleitet, geschieht es, dass er mit einer magischen Wahrnehmung der Welt belohnt wird.

Drei Dinge, die man nicht lehren kann: schlafen, lachen, lieben.

Wo liegt Avalon, die Insel der Unsterblichen, wohin Morgane den Leichnam von König Artus gebracht hat? Es liegt unter dem Hügel von Tor, nahe Ynis, der Kristallstadt, aber auch in dir, verborgen unter zahllosen Schichten des Vergessens. Du musst deine Erinnerung wachrütteln. An diesem Ort müssen die Menschen nicht sterben, Sonne und Mond scheinen zugleich, Tag und Nacht werden eins.

Lerne an Orten zu beten, die dem Gebet geweiht sind: Grabhügel, Menhire, Alleen, Wälder, heilige Haine und heilende Quellen. Verherrliche die Allmacht der Natur und der Götter des druidischen Pantheons.

Die Barden stimmen das Lied des freien Menschen an, ein altes Bild, das tief verborgen liegt im Gedächtnis der Menschen. Barfuß und mit nacktem Oberkörper schreitet er durch den Staub dieser Welt. Er braucht keine der geheimen Kräfte der Götter, denn auf seinen Befehl erblühen die toten Bäume aufs Neue.

Sieh diesen mächtigen Zauber. Du bist der Schöpfer der sichtbaren Welt, ohne dich wäre sie nicht da. Eine wunderbare Macht wurde uns gegeben: Sobald wir die Augen öffnen, kleidet sich die Welt in Farben.

Der Barde Taliesin lehrte den Helden Cúchulainn die Macht, die im Aussprechen des Namens liegt. Er schlug ihm vor, mit einem Mann, der »Lächerlich« genannt wurde und dürre, schmächtige Beine hatte, um die Wette zu laufen. Cúchulainn hatte schon verloren, ehe er den ersten Schritt gemacht hatte. Taliesin bestimmte Hugi zum Sieger und erklärte seinem unglücklichen Gegner: »Er hat unsere alten Gebräuche bewahrt, als Name und Person noch eins waren. Seine Name ist ›Hugi‹, was ›Gedanke‹ heißt. Und, wie du weißt, Cúchulainn, ist nichts schneller als der Gedanke.«

Achte das Gesetz, denn es ist das gerechte Gleichgewicht der Dinge, und du wirst über dich selbst hinauswachsen.

Je mehr sich unser Horizont weitet, desto klarer erkennen wir die bewegte Beständigkeit der Natur durch die Kraft der Düfte und die Intensität der Klänge. Alles ist ohne Ausnahme miteinander verbunden. Die Natur ist eins und unteilbar, und doch hat alles, was wir an Körperlichem sehen, seine eigene Substanz und Individualität.

Ich segne Gott für diese Matratze aus Rosshaar, ich segne ihn für dieses daunengefüllte Polster und diese warme Wolldecke. Ich segne Gott für die Mysterien des Schlafes, für den Frieden des Geistes und die Ruhe des Leibes. Ich segne Gott für die durchwachten Nächte, in denen große Fragen meinen Geist umtreiben, und für die Augenblicke, in denen mein Leib keine Ruhe findet. Die Nächte des Schlafes sind ein wahrer Quell der Freude, die wachen Nächte sind Zeiten des Kampfes wie auf einem Schlachtfeld. Beide helfen mir, meinen Blick zu vertiefen.

Richte deine Augen auf das Innere deines Geistes. Auch hier scheinen Sonne, Mond und Sterne.

FREUNDSCHAFT

Ich bin Kind alles Lebenden, und alles, was lebt, sind meine Geschwister, meine Kinder und Kindeskinder.

Vermeide jede sinnlose Handlung. Hilf den Lebewesen, spirituelle Reife zu erlangen, ohne daraus eigennützig Vorteile zu ziehen.

Die Seinen bei einem der Großen dieser Welt schlechtzumachen ist eines geistigen Kämpfers unwürdig.

Verbreite keine Lügen, sei kein Schwätzer und verleumde niemanden. Bist du auch tapfer und mächtig, so stifte keinen Unfrieden. Erleuchte die Seelen durch das Vorbild deines aufrechten und gerechten Lebens im Einklang mit der machtvollen Natur.

Wahre anderen gegenüber die Treue, sei es Mensch oder Tier, denn sie sind deinesgleichen. Wende dich ihnen mit guter Absicht und wirklicher Liebe zu. Gewinne Freunde statt Kriege.

Wahre Freunde sind die, die auch in dunklen Zeiten noch deine Freunde sind.

Lerne, deine Freunde klug zu wählen. Beneide nicht die, welche das Leid der anderen mit gleichgültiger Herablassung hinnehmen. Die finsterste Nacht ohne Mond und Sterne ist heller als ihr hellster Tag.

Die treuesten Freunde haben nicht immer menschliche Gestalt. Der Druide Fingal vertraute sich dem Lachs im Fluss an, die Göttin Rhiannon den bunten Vögeln, die sie begleiteten, und Bran, der Gesegnete, seinem Wildschwein und seiner Schwester Branwen, der Krähe. Wenn der Mensch nur mit Menschen Umgang pflegt, so ist er sehr einsam.

Hege deinen Freunden gegenüber Gefühle ohne Fehl und Tadel. Sinne nicht auf Rache, selbst wenn man Streit mit dir sucht. Du würdest keinerlei Vorteil daraus ziehen.

Mit meiner Zunge verletze ich die Menschen leicht, wie mit einem Lederriemen, der ihre Seele abschnürt, wie mit einem Schwert, das ihr Herz durchbohrt, wie mit einer Steinschleuder, die ihren Geist trifft. Ich will mit meinen Worten kein Unheil stiften, doch schlechte Gewohnheiten haben mich so werden lassen. Möge mein Charakter sanft und meine Rede lieblich sein.

Des Abends kommen die Freunde zusammen, um mit ihren Worten und Liedern alte Erinnerungen lebendig werden zu lassen. Wenn sie dann zusammensitzen und zu einem Leib geworden sind, blicken sie in die Zukunft, und die Gefahren des Weges ängstigen sie nicht mehr.

Besser ist es, diese Welt mit einem Stock in der Hand zu durchstreifen, um damit das Obst von den Bäumen zu schlagen, als mit einem Schwert an der Seite, um Feinde zu töten. Gott hat Früchte an die Bäume gesetzt, damit wir unseren Körper nähren, und die Liebe in unsere Herzen gepflanzt, damit wir Feinde in Freunde verwandeln.

Begibt sich jemand in ferne und einsame Gegenden, wird niemand zugegen sein, der ihm hilft, wenn Gefahr droht. Wenn sich jemand von der Liebe seiner Freunde entfernt, wird niemand da sein, der ihm in schweren Zeiten beisteht.

Versuche nicht, die Träume und Gedanken deiner Freunde zu ändern. Sie sind dein Reichtum, sie sind das, was du nicht hast und was sie dir schenken, damit du dich davon nährst.

Im Sommer fliegen die Bienen unermüdlich von Blume zu Blume, um Honig und Vorräte für den Winter zu sammeln. Mögen die Jungen in der Jugend unverdrossen von Freund zu Freund eilen, um Erinnerungen zu sammeln, von denen sie im Alter zehren.

Der Narr meint, dass alle, die mit ihm lachen, seine Freunde sind. Aber wenn er zu einer Versammlung kommt, sieht er, dass nur wenige zu seinen Gunsten sprechen.

Je mehr man zu wissen glaubt, was den anderen umtreibt, desto weiter entfernt man sich von ihm, vor allem, wenn man ihn deshalb verurteilt. Wer viel redet und seiner Zunge keine Zügel anlegt, schadet sich oft selbst.

Einst war ich jung und wanderte allein umher. Da verirrte ich mich. Reich fühlte ich mich, als ich einem anderen begegnete. Der Mensch ist des Menschen Freude.

Liebe die, die dir nahestehen. Brich nie als Erster mit einem Freund. Der Kummer frisst den auf, der dem anderen sein Herz nicht mehr öffnen kann.

Was kümmern dich böswillige Menschen, die Bitterkeit und Hass schüren. Sie sind Verlorene, die ohne Licht herumirren und die Götter verfluchen. Ihr Schmerz tut niemandem weh.

Gehe auf die anderen nicht mit einem Schild bewaffnet zu, denn dann werden sie verständlicherweise das Gleiche tun. Ein freier Mensch fürchtet sich nicht vor dem Blick der anderen. Er weiß sich freundlich zu verhalten, auch wenn er wachsam bleibt.

Auch ein großer Umweg verhindert nicht, dass man seinem Feind begegnet. Doch um seinen Freund aufzusuchen, ist jeder Weg recht, selbst wenn er in die Ferne führt.

Jeder Augenblick, in dem wir von unseren Freunden getrennt sind, ist wie das Ende für die Natur und wie der Schlaf für das Herz.

Wer dem Menschen Freund ist, ist auch Quellen, Pflanzen und Tieren Freund. Dies ist es, woran du ihn erkennst.

Du schwingst dich auf, wenn du mit Freunden zusammen bist. Fern von ihnen sind deine Flügel lahm. Im Fliegen lebst du deine Freude im Einklang mit der Natur. Wenn du deine Leichtigkeit verlierst, führt der Wind dich in die Irre.

Wahre Freunde verschwenden keine Zeit auf leere Worte. Sie sind zugleich wie der Baum, der fest verwurzelt in der Erde steht, und der Vogel, der über die höchsten Baumwipfel segelt.

Was gibt es Selteneres als einen Freund, der nicht von deiner Seite weicht, wenn das Unglück dich niederdrückt? Hüte dich vor falschen Vertraulichkeiten und schwatzhaften Leuten. Mit deinen Freunden sei aufrichtig und ohne List.

Solange du in deinen Gedanken bist, bist du mir fern, auch wenn du mit mir zusammen bist.

Freunde sind nicht wie Verliebte. Sie unterstützen einander wie Spielkameraden, verstehen sich und blicken in dieselbe Richtung.

Alles im Universum ist dem Menschen Bruder und Schwester. Das Gefühl tiefer Freundschaft macht den Menschen frei und glücklich.

Der Freund ist in meinem Auge, wie sonst könnte ich ihn sehen? Er ist in meinem Geist, wie sonst könnte ich ihn lieben? Ohne diese geschwisterliche Nähe ist der Mensch wie eine kranke Pflanze, die im Dunkeln lebt.

In Zeiten der Not werden die Menschen entweder zu Feinden, die sich bekämpfen, oder sie verbünden sich zu gegenseitiger Hilfe, um der Gefahr zu trotzen. In solchen Augenblicken tritt die wahre Natur der Menschen zutage. Lerne, die Menschen an ihren Taten zu erkennen, und du wirst so manches Unglück vermeiden, in der Liebe ebenso wie in der Freundschaft. Das, was zwei Menschen verbindet, ist stärker als das, was sie trennt. Halte dich an die Kraft der Freundschaft und verachte falsche Worte und Niedertracht.

Meine Ahnen sitzen schweigend neben mir, im Schatten hoher Steine. Sie verschwinden nie. Sie begleiten mich wie Freunde, doch auf anderen Pfaden.

Die drei besten Freunde: Feuer, Wind und Regen.

Auf mich allein gestellt bin ich ein Nichts, nicht mehr als Staub, doch wenn mir die Liebe entgegentritt, werde ich wieder stark und bin erfüllt von neuem Glück.

Dies ist ein regnerischer, wolkenverhangener Tag. Da müssen Freunde zusammenkommen, denn der Freund ist dem Freund Quell der Freude gleich einer Blumenwiese im Frühling.

Innerer Friede

Die Täler und Wiesen, in denen wir uns in Frieden versammeln können, sind, so heißt es, dem nächsten Jahrhundert oder dem Jahrhundert danach bestimmt. Tage, Stunden und Minuten sind nichts im großen Lauf der Zeit.

Frieden kommt nicht durch Zufall. Er fällt nicht vom Himmel wie der Regen. Der Frieden kommt zu denen, die ihm den Weg bereiten.

Deine Ahnen haben nie den Umkreis deines Hauses verlassen. Sie sind zugegen in deiner Erinnerung und in den Festen in der Nacht von Samhain, wenn die Pforten beider Welten offenstehen. Sie sind deine Führer in den Wirren dieser Welt, ein ständiger Segen in deinen täglichen Verrichtungen wie auch in schweren Zeiten. Lerne von ihnen die Ruhe des Gemüts. Sie werden dich die Mysterien der anderen Welt lehren.

Die Mitte eines ruhenden Menschen ist auch die Mitte des Universums, sein Anfang und sein Ende, der Ort, von dem alles ausgeht.

Halte üble Gedanken, Hass, Furcht und Schuldgefühle nicht fest. Sieh ihnen zu, wie sie gleich den Vögeln am Himmel vorüberziehen, ohne Spuren zu hinterlassen.

Wenn du glücklich sein möchtest, vertrage dich mit deinesgleichen, mit Mensch, Pflanze, Tier und Fels. Schließe den Kreis und nimm die Verbindung wieder auf.

Lerne in den Momenten der Ruhe in deinen Geist zu blicken. Suche den großen, stillen See hinter den wirbelnden Wogen. Er ist deine tiefe Wirklichkeit und ebenso weit wie der gestirnte Himmel.

Bringe dein Denken in Einklang zum Leben, wenn du Glück erlangen willst, denn du bist Bruder und Schwester aller Geschöpfe.

Vergiss die Worte der Menschen und lerne die geheime Sprache der Schöpfung. Ich kenne eine wortlose Sprache, die das Ohr nicht zu hören vermag. Willst du sie vernehmen, so musst du stumm sein, die Augen schließen und deinen Geist öffnen. Diese Sprache besteht aus Düften, Erinnerungen und Visionen.

Lausche der Stimme der Erde, den murmelnden Quellen, dem Gesang der Jahreszeiten, und du wirst wissen, was der Friede des Herzens ist. Der menschliche Geist ist nicht starr und unbeweglich. Er ist fließend, formbar, immateriell. Er wird zu dem, was er betrachtet.

Was lässt sich mit einem Leben wie diesem vergleichen? Ruhig und beschaulich sitze ich am Eingang meiner Hütte, sehe den Blättern zu, wie sie herabfallen, den Blumen, wie sie aufblühen, den Jahreszeiten, wie sie kommen und gehen.

Vier Zeiten gibt es im Leben, die wir begehen müssen, wenn wir Frieden im Herzen und Licht im Geist finden wollen: die Zeit zu träumen, die Zeit, uns zu erinnern, die Zeit, die Unendlichkeit zu berühren, und die Zeit zu sein. Diese schließt alle anderen ein.

Der glückliche Mensch gleicht einem Bergsee. Hoch über allem stehend und dennoch bescheiden in seiner Art spiegelt er die Bäume ebenso wider wie die Wolken am Himmel.

Ein Weiser ist einer, der sich nicht freut, wenn du ihm alles Gold der Welt schenkst, der aber auch nicht traurig wird, wenn du es ihm wieder wegnimmst.

Die Einsamkeit des Einsiedlers ist wertvoller als alle Königreiche dieser Welt.

Den Reichen umflattern die Menschen wie Motten das Licht. Prahlt er, so loben sie ihn, lügt er, so glauben sie ihm. Macht er einen Scherz, so lachen sie, ist er ernst, so runzeln sie die Stirn. »Weise ist er und schön«, sagen sie, sodass er es hören kann.

Nie und nimmer will ich reich sein und von Motten umschwärmt werden. Ich wünsche mir Freunde, die meinen Stolz beugen und mir die Wahrheit sagen. Wenn ich eines Tages reich werde, so will ich meinen Reichtum verbergen. So bleiben meine Freunde wahre Freunde und ihr Rat wird aufrichtig sein. Doch wenn ich meinen Reichtum verheimliche, so bin ich ein Lügner. Darum will ich lieber gleich arm bleiben.

Innere Stille verleiht Anmut und die vollkommene Harmonie von Körper, Seele und Geist. Ein Mensch, der innere Ruhe bewahrt, ist gefeit gegen die Stürme des Lebens. Nicht ein Blatt zittert am Baum, nicht eine Welle kräuselt den Teich. Alles ist nur noch ein Leib.

Setze dich an das Bachufer und sei einfach du selbst. Sein Wasser wird alle deine Sorgen fortspülen und sie ins Meer tragen.

Wenn ich allein meines Weges gehe, sehe ich wahrhaft die Blumen am Wegesrand. Ich betrachte sie mit großer Aufmerksamkeit und fühle ihre Gegenwart.

Lobe den Tag am Abend, die Frau, wenn sie alt geworden, das Schwert, wenn du es in der Schlacht erprobt hast, die Jungfrau, wenn sie geheiratet hat, das Eis des Flusses, wenn du ihn überquert hast, den Met, wenn du ihn getrunken hast. Allein meine Seele weiß zu beurteilen, wie es in meinem Herzen aussieht, denn ich bin mit mir allein. Es gibt keine größere Strafe für den Weisen, als mit sich selbst nicht zufrieden zu sein.

Eine eigene Hütte zu besitzen ist gut, auch wenn sie klein ist. In seinem Haus ist jeder sein eigener Herr. Zwei Ziegen und eine strohgedeckte Hütte sind besser als ein Bettelstab.

Setze dich an den Fluss und betrachte die verstrichenen Jahre ohne Bitterkeit und Bedauern. Konzentriere dich auf den gelebten Augenblick, auf seinen Reichtum und seine Anmutung, die nie aus deinem Geist verschwunden sind. Auf diese Weise sollst du deine Seele und deine Wehmut mit der Süße der Erinnerung nähren. Jener Augenblick ist noch da, wenn auch in neuem Gewand. Er ist nie entschwunden. Konzentriere dich darauf, hier zu sein, in diesem Moment, im Wunder deines Lebens. Das ist der Weg, der zur Weisheit führt.

Besser ist es, geringes Wissen mit Bescheidenheit zu besitzen als große Schätze mit eitler Selbstgefälligkeit.

Als Meister der Zauberkünste hat der Druide erkannt, dass das wahre Wunder nicht darin besteht, durch die Luft zu fliegen oder übers Wasser zu gehen, sondern auf der Erde zu wandeln.

Die Weisheit ist strahlend und unveränderlich. Sie lässt sich von jenen betrachten, die sie lieben, und von jenen finden, die sie suchen. Sie kommt ihrem Begehren zuvor, indem sie sich ihnen als Erste zeigt. Sie ist es, die sie eines Abends auf ihrer Türschwelle vorfinden.

Draußen ist alles, was ich auch innen sehe, dasselbe Leben, derselbe Fluss. Dort sehe ich keine Grenze mehr, alles rückt näher.

Hüte das Schweigen und bewahre es, denn es birgt alle Träume der Menschen in sich.

In den Augen eines Kindes scheinen ein paar Wochen recht lang. In den Augen eines jungen Burschen scheinen ein paar Monate lang. In den Augen eines erwachsenen Mannes scheinen einige Jahre lang. In den Augen eines Greises scheint selbst der längste Zeitraum nur wie ein kurzer Augenblick. Wie lange aber dauert ein Leben wirklich?

In den tiefsten Tiefen der Seele, unter allem Schmerz und allem, was unser Leben betäubt, gibt es ein ausgedehntes, majestätisches Schweigen, einen unendlichen Ozean der Stille, den nichts aufwühlen kann.

Die Liebe zur Natur ist der kürzeste Weg, die höchste Wahrheit, die ewige Quelle des Lebens.

Die drei besten Dinge, die man im Überfluss besitzen sollte: Sonne, Weisheit und Großzügigkeit.

Vergeude nicht deine Kraft. Pflanze sie in die Stille und lasse sie in der Ruhe deines Geistes wurzeln. Dann wirst du wie der Baum sein, der der vertrockneten Erde Schatten spendet, wie der Fels, der dir im Sturm Zuflucht schenkt.

Mache das Bündel deines Lebens leicht, packe nur das Notwendige hinein.

Ihr fragt, warum ich mein Haus im Schatten eines Hügels an einer Quelle errichtet habe? Warum ich schweigend lächle und meine Seele stets heiter ist? Sie lebt in einer anderen Welt, in der Bäume blühen und Flüsse fließen – genau wie hier.

Es gibt kein Vorher und kein Nachher. In diesem Augenblick sind wir mit dem Mysterium der Welt verbunden.

Suche die Harmonie des Einfachen: die richtige Geste, das rechte Wort, die Klarheit eines Feuers, das reine Wasser, das den Durst löscht. Belaste dich nicht mit nutzlosen Dingen. Sie würden dich nur schwerfällig machen und schließlich zu Fall bringen.

Die Worte der Menschen, ihre edle Philosophie, ihre großartigen Errungenschaften reichen nicht hin, um mich von meinen Nöten zu befreien. Um geistigen Frieden und Weisheit zu erlangen, ist der Bach in der Seele besser als der Fluss vor der Tür.

Der Weise hört auf seinen Körper, reinen Herzens und klaren Geistes. In seiner Seele verwurzelt badet er in den Energien des Lebens. Er überlässt sich ganz der Freude und dem Entzücken des Daseins.

Während der Schlacht von Moytura im alten Irland stellte sich der Druide Nuadu mitten unter die Kämpfenden und blieb unbeweglich wie eine Säule stehen. Es heißt, die Kraft seines Schweigens habe die Feinde der Gälen zurückweichen lassen.

Sich entspannen bedeutet nicht, sich ungestört zurückzuziehen, um Unruhe und Lärm zu entfliehen, sondern sich der Welt zu öffnen und sie bereitwillig anzunehmen.

Atmen, hören, schauen – mehr brauche ich nicht, um den neuen Tag zu begrüßen. Die Natur durchströmt mich mit ihren Energien. Meine Empfindungen sind nichts anderes als der Fortklang ihrer Schönheit.

Nachdem du das Wort vernommen hast, denke aufmerksam darüber nach, untersuche seine verschiedenen Seiten und suche seinen tieferen Sinn. Dann wird dir seine Bedeutung hell und klar aufgehen. Es wird die Kraft haben, deine natürlichen Neigungen zu einem reinen Geist zu erheben, sodass dein Herz im Einklang mit der Natur bleibt.

Was sind die Gaben der Weisheit? Selbstbeherrschung, wahrer Mut, Beharrlichkeit, Geduld, Würde und Ehrfurcht.

Drei, ohne die ein Mann nicht sein kann: eine Katze, ein Kamin und eine Frau.

Zur Sommersonnenwende wandere ich im Morgenlicht über die Felder. Die wilden Blumen streifen meine Füße und umgeben mich mit ihren roten Blütenkronen. Der Tau auf den Gräsern benetzt meine Füße wohltuender als das geweihte Wasser des Heiligtums. In jedem dieser kleinen Blümchen regt sich lebhaft der Geist. An diesem Ort sind die Götter zugegen, der Himmel ist zur Erde herabgestiegen, das Ewige wird sichtbare Gestalt und meine Freude ist grenzenlos.

Jeden Abend sorge ich dafür, dass das Feuer nicht erlischt. Damit beschließe ich mein Tagwerk, ehe ich mich zum Schlafen niederlege. Ich lege zwei Klumpen Torf unter die Glut. Wenn ich tags darauf erwache, kann ich das Feuer aufs Neue entfachen und zum Lodern bringen.

Mögen die Götter bei meinem Tod auf ähnliche Weise Sorge tragen, dass mein Licht nicht verlöscht. Wenn man meinen Leib tief in der schwarzen Erde verscharrt, möge meine Seele weiterhin erstrahlen.

Habe keine Angst vor dem Vergehen der Zeit, davor, dass Jahr sich an Jahr reiht. Habe keine Angst vor dem Tod, der kommen wird. Das Leben verrinnt wie ein Fluss im Licht von Sonne und Mond. Es ist nie dasselbe und doch immer gleich.

oder wie du sie haben möchtest

Nimm die Welt so, wie sie wirklich ist, nicht so, wie sie dir erscheint. Beobachte sie. Hinter ihren Verwandlungen bleibt sie stets gleich. Diese Einsicht befreit dich aus dem Kerker des Leibes und verleiht deinem Geist Flügel.

Es gibt ein Land tief im Herzen des Menschen, wo alles blüht, wo die Sonne die Steine erwärmt und Vögel des Morgens in den Bäumen singen.

»**W**as braucht der Tapfere?«, fragen die Barden bei ihren Zusammenkünften. »Met und Lieder!«

Lerne die Einfachheit. Ein Hund legt vor dem prasselnden Kaminfeuer seine Schnauze auf dein Knie, und du verspürst etwas von diesem großen, tiefen, ursprünglichen Frieden, der aus den ewigen Zeiten zu uns gekommen ist.

Wälder, Seen, Gebirgsbäche, Täler zwischen Felsenschluchten, Gerüche, die schweren und leichten Düfte, das Summen der Insekten, der Gesang der Vögel, der Klageruf des Hirsches: Das ist mein ganzer Reichtum. Mehr brauche ich nicht.

Kein Mensch ist dem anderen überlegen, ebenso wenig wie der Pflanze, dem Tier oder dem Stein. Betrachte alles als deinesgleichen, und der Friede dieser Welt wird dir zuteil, er, der in Liebe alle Dinge im Kosmos miteinander verbindet.

Drei Dinge, an denen man den Weisen erkennt: an der Liebe zu seinem Heim, seiner Hingabe und seiner Geduld.

Der Weise ist glücklich ohne Geld und Gold, gelassen im Schmerz und ruhig in der Angst.

Ich will still sein wie das Wasser im Brunnen, das ich aufstöre, um zu trinken, will lauschen der Welt, frei von Hader, offen und allein, das unendliche Leben aus mir schöpfend.

ERFOLG

Kämpfe, wenn du kämpfen, liebe, wenn du lieben musst. Doch wähle für beides den rechten Augenblick.

Verbirg dich nicht wie die Asche unter dem Feuer. Strebe nach deinem Ziel und erhebe dich endlich aus deinem Schlaf.

Wenn du große Herausforderungen bestehen musst, so wende dich deinem eigenen Herzen zu. Nimm Zuflucht zu deinem Innersten und kehre mit neuer Kraft in die Welt zurück.

Ein Sieg, der ohne Weisheit errungen wurde, ist nicht von Wert. Er gleicht einem Turm, der auf Sand gebaut wurde. Er steht auf schwachem Fundament und schon ein leichter Windstoß lässt ihn einstürzen.

Durch Übung erlangst du Willensstärke und durch Übung behältst du sie.

Lasse dich weder von Furcht noch von Zweifel lähmen. Sie behindern und zerstören alles.

Beschließe, was zu tun ist. Nimm in Angriff, was du beschlossen hast. Vollende, was du in Angriff genommen hast.

Um eine schwierige Aufgabe zu erfüllen, brauchst du nicht nur Stärke, Tatkraft und Beharrlichkeit. Du brauchst auch Unbekümmertheit, weil sie deinem Geist Flügel verleiht.

Wenn du andere führen willst, musst du zu großen Opfern bereit sein.

So beschwerlich und bitter deine täglichen Pflichten auch sein mögen, erledige sie freudigen Herzens.

Verzögere deinen Aufstieg nicht durch unnütze Lasten wie Stolz oder Selbstzufriedenheit.

Es sind ihrer viele, die arbeiten, aber wenige, die verdienen. Es sind ihrer viele, die verdienen, aber wenige, die geben. Der wahre Mensch arbeitet, verdient und gibt.

Sei fähig, jede Müdigkeit deines Leibes, jedes Abschweifen deines Geistes, jeden Makel deiner Seele zu überwinden, wenn du einen großen Sieg erringen willst.

Wenn dein Ziel zum Greifen nah ist, so zögere nicht, pack zu. Das Leben bittet nicht, es nimmt, und was es nimmt, bringt es zum Erblühen.

Nimm dir die Natur zum Vorbild. Sie duldet weder Zwang noch Niederlage noch Abhängigkeit. Selbst der Winter vermag sie nicht aufzuhalten. Stets bricht sie mit neuer Kraft hervor.

Füge dich nicht in die Niederlage, sie würde nur deine künftigen Siege verhindern.

Lasse dich weder von der Last deiner Aufgaben nieder-
drücken noch von deinen Mühen zu Fall bringen. Möge
die Erinnerung an die Natur dich stärken und trösten.
Ohne sie gehst du unsicher und ohne Stütze. Richte deine
Augen gen Himmel und suche deinen Stern. Könntest du
nur am Himmel erkennen, in welch wunderbarem Glanz
du erstrahlst!

Zwinge dich zu nichts: Habe Geduld, bewahre dein frohes
Lächeln, strebe nach Harmonie.

Der Ruhm überdauert den Tod des Leibes. Er besteht, solange es Menschen gibt, die deiner edlen Taten in Liedern,
Legenden, Geschichten und Erinnerungen gedenken.

Wenn das Blut in deinen Adern pulsiert wie Ebbe und
Flut im Frühling, was ist es, das dich emporhebt und fortreißt? Das Pferd, auf das du gewettet hast und das nun das
Rennen anführt? Die Frau, deren Schönheit dein Auge
erfüllt und die dich mit einem Lächeln einlädt, ihr zu
folgen?
Wenn dein Blut wallt, so muss dein Herz ihm folgen. Es
muss sich davontragen lassen, um sich ganz zu entfalten.

Wenn du willst, dass deine Pläne gelingen, so tue nichts, was du deiner für unwürdig hältst. Lerne, dich selbst zu überwinden. Jeder noch so kleine Sieg, den der Mensch über sich selbst erringt, ist eine Vorbereitung auf künftige große Siege.

Bündle deine Willenskraft, sodass sie zum Stoß bereit ist wie der Falke auf der Hand des Falkners. Dann ist die Beute so gut wie dein.

Gib niemals auf, was du begonnen hast, oder du wirst schwächer sein als zuvor. Sieh den Baum am Wegesrand. Sagt er etwa, dass er nicht mehr wachsen oder blühen will? Schöpfe Kraft aus der Betrachtung der Natur. Du wirst erkennen, dass es kein Scheitern gibt. Alles, was lebt, erreicht sein Ziel und verwirklicht sich mit Leichtigkeit. Nur der Mensch setzt seinen Wünschen und Träumen Grenzen.

Warte geduldig auf den rechten Augenblick. Versuche nicht, den Lauf der Dinge mit Gewalt zu verändern. Sieh, wohin die Welt sich bewegt. Bemühe dich, die Dinge richtig zu sehen. Dann wirst du wissen, was zu tun ist.

Der Sieger wird der sein, der nicht von seinem Weg abweicht und unermüdlich Kraft aus seiner Bewegung schöpft.

Um Erfolg zu haben, bedarf es einer bestimmten geistigen Einstellung. Unser Herzblut muss an dem Ziel hängen, das wir uns gesetzt haben, wie an einer geliebten Frau, die man erobern will. Leidenschaft ist notwendig, doch müssen wir sie beherrschen können, um uns nicht zu falschen Schritten verleiten zu lassen.

Oft passiert es mir, dass ich nicht dort bin, wo mein Körper ist, weil meine Gedanken in die Ferne geschweift sind. Doch habe ich gelernt, meine Vorstellungskraft zu zügeln wie ein wildes Pferd, ohne ihr Feuer zu ersticken. Dieses Feuer ist die Lebenskraft, die in allem steckt.

Lasse los und vertraue der Natur, doch bleibe wachsam und vergiss nicht das Ziel, das du dir gesetzt hast. Niemand kann dir den Weg verstellen, niemand dir Ärger bereiten oder Steine in den Weg legen.

Hab und Gut werden aufgezehrt, deine Eltern sterben, und auch du wirst sterben. Der Ruhm eines Menschen aber, der tugendhaft gelebt hat, ist für immer unsterblich.

Du begehrst Reichtum? Werde zum Goldsucher, erkunde neue Wege und alles wird dir gegeben. Doch gib acht, dass du dir keine zu schwere Last aufbürdest. Denn es wird der Tag kommen, da die Reiche der Menschen fallen werden wie tote Bäume.

Der Barde erlangt Ruf und Ruhm nicht durch Täuschung und Lüge, sondern weil er sich mit Körper und Geist aufrichtig müht. Lerne die heiligen Gesetze, die zum Gelingen führen.

Drei Dinge sind es, deren Pflege Aufgabe des Barden ist: Sprache, Tradition und das Bewahren der Erinnerung an vergangene Zeiten.

Drei Dinge sind es, die jeder große Barde haben muss: ein Auge, das die Natur zu sehen versteht, ein Herz, das sie fühlt, und einen Geist, der den Mut hat, ihr zu folgen.

Wähle einen günstigen Augenblick zum Handeln. Wenn alle Elemente miteinander harmonieren, werden sie zu dem Weg, der dein Tun begünstigt.

Ein schlechter Mensch wird dir nie vergelten, was du ihm Gutes getan hast. Lerne, dein Gegenüber zu schätzen, ohne über es dein Urteil zu fällen, doch lasse dabei Klugheit walten. Denke immer daran, dass auch die besten Menschen ihre Fehler haben und auch ein schlechter Mensch zu etwas nütze ist.

Wer Großes vollbringen will, muss sich zeitig von seinem Lager erheben. Ein schlafender Hund erbeutet keinen Hasen, und ein schlafender Mensch erringt keinen Sieg.

Setze deinen Mut mit Maßen ein, denn du wirst feststellen, dass auch der Mutigste, wenn er allein gegen alle kämpft, nicht siegen kann.

Wenn du siegen willst, sei frei von Zweifeln, voller Entschlossenheit und Inbrunst, mit freiem und klarem Geist. Wenn dein Vorhaben von Freude getragen ist, wirst du deine Widersacher aus dem Feld schlagen und der Sieg wird dein sein.

Gleich der Natur immer wieder zu erwachen setzt aller Niedergeschlagenheit, Mattigkeit und Verzagtheit ein Ende. Dies ist ein Quell unaufhörlicher Freude.

Ob ein Leben gelungen ist, lässt sich daran messen, welchen Einfluss es auf andere hat, an dem Bild, das es ohne Täuschung zu erwecken imstande ist, an der Beständigkeit seiner Wirkung.

Ein Mensch, der ein Hindernis überwunden hat, gleicht einem festen Baum, der in Blüte steht.

Sei wie der Vogel, der, um schneller voranzukommen, den Gegenwind überfliegt.

Mut und Furcht

Richte dich nicht im Scheitern ein wie ein vor der Zeit ge-
alterter Mann, der all seine Träume verloren hat. Dies ließe
deine Seele verdorren und den Tod näherrücken.

Das Unglück des Menschen liegt darin, dass er nicht ruhig in sich selbst verweilen kann. Etwas treibt ihn dazu, in
Widerstreit mit sich selbst zu geraten und mit der Welt,
die ihn umgibt. Er gleicht einem Haufen Laub, der vom
Wind herumgewirbelt wird. Seiner Mitte, seinen Wurzeln
entfremdet, ist er dazu verdammt, einsam und voll Furcht
durchs Leben zu irren.

Lass dich nicht durch Angst von deinen Vorhaben abbrin-
gen. Sieh sie lieber mit anderen Augen. Angst ist dazu da,
unseren schlummernden Wagemut aufzurütteln. Ohne
Angst wäre der Mut gleich einem müden Tier, das hinter
dem Zaun auf der Weide steht.

Ich trete vor Gott wie ein Krieger vor seinen Hauptmann und fordere von ihm mächtigere Waffen, um den Feind zu bezwingen. Er ermutigt mich, in den Kampf zu ziehen – und ich tue es erhobenen Hauptes.

Zorn ist eines der Gesichter der Angst. Wenn wir zornig werden, hat die Angst uns überrumpelt. Wenn du aller Gewalt ein Ende setzen willst, so betrachte die Welt als ein Ganzes.

Gilt es Prüfungen zu bestehen, so rufe dir all deine früheren Lebenszeiten ins Gedächtnis, die nie aufgehört haben zu existieren und deren Spuren noch immer in der Natur gegenwärtig sind. Um seiner Angst Herr zu werden, stimmte Angus, der Sohn des Dagda, diesen Zaubergesang an: »Ich bin der Wind, der über das Meer weht, ich bin der siebenfache Kampfstier, ich bin der Raubvogel auf dem Felsen, ich bin der Strahl der Sonne, ich bin der See in der Ebene, ich bin das Wort des Wissens …« Und seine Angst verflüchtigte sich wie ein Nebelhauch.

Bewahre in der Gefahr stets deine Kaltblütigkeit.

Hat die Angst, die die Menschen quält, ihren Sitz im Herzen oder im Tun? Wir können in jedem Augenblick Herr unseres Handelns sein, doch um die Herrschaft über unser Herz zu erlangen, brauchen wir ein ganzes Leben.

Wenn du in die Stürme des Lebens gerätst, so bringe deine Gedanken zur Ruhe und finde einen festen Felsen in deinem Herzen. Vertraue auf deinen Stern.

Ziehe rein und aller Dinge ledig in die Schlacht. Selbst wenn dein Feind sich brüstet, hundert Schwerter zu besitzen, wie will er den schlagen, der unsichtbar ist?

Erst iss, um deine Kräfte zu erneuern und um für das Wohlergehen deines Leibes zu sorgen. Dann setze dich nieder und denke über deine Ziele nach. Die Wahrheit wird dir vielleicht Angst machen, doch bleibe standhaft! Morgen wirst du dich mit frischer Kraft erheben.

Habe den Mut des Falken und den Stolz des Adlers, majestätisch bei der Jagd und siegreich in der Schlacht.

Stell dir einen Schild vor, der dich vor Mücken und schwirrenden Bienen, vor den erbarmungslosen Strahlen der Sonne und dem Brüllen des Donners schützt. Möge der geistige Schild, der dich vor allen Widrigkeiten bewahrt, ebenso stark sein.

Manchen Mannes Mut ist nur unbedachte Tollkühnheit. Diese aber führt nur ins Verderben. Wahrer Mut verlangt einen klaren Verstand, der so geordnet ist wie eine Truppe von Kriegern, die sich um ihren Hauptmann schart.

Lausche achtsam dem Gesang der Vögel, wenn du deines Weges ziehst. Sie werden deine Wegbegleiter sein, deine Traurigkeit verscheuchen und deine Pfade mit Freude säumen.

Am Hügelgrab von Newgrange an den Ufern des Boyne stieß König Connaught mit aller Macht ins Horn. Und Natur, Ahnen und die Geister der Felsen antworteten ihm. Er hatte den rechten Ton getroffen, den Ton, dem der Mensch in endloser Suche so verzweifelt nachjagt.

Es ist weise, in der Ruhe zu bedenken, was zu tun ist, falls der Sturm losbricht.

Der Mutige macht sich zuerst ein Bild der möglichen Gefahr, dann sammelt er seinen Geist und schöpft Kraft aus dem, was ihn umgibt. Welche Gefahr läuft er, dermaßen gerüstet als vollkommenes Werk der Schöpfung? Welcher Schatten würde es wagen, sich auf ihn zu legen?

Wer Tag und Nacht im Sattel sitzt, dem sinkt der Mut und das Weh der Seele wird groß. Kein Berg mehr, nur selten ein Baum, nichts, das aufzutauchen wagt. Du siehst nicht, dass in solchen Augenblicken du selbst dein einziger Feind bist.

Was soll ich fürchten? Unzählige Male schon bin ich gestorben, gleich dem Vogel, gleich dem Bach, gleich dem Gras auf den Wiesen. Meine Freude ist groß, und ich segne die Schöpfung, dass ich abermals lebe.

Wenn einmal dunkle Zeiten kommen, so wird der wahre Held nicht der sein, dessen Ruhm am hellsten leuchtet. Willst du die goldene Perle finden, so suche am Grunde des Meeres. Was du am Ufer siehst, ist nur die Gischt.

Furcht ist ein schlechter Ratgeber, leihe ihr nicht dein Ohr. Sie spricht hektisch und wirr und nährt sich von deinen Zweifeln. Setze ihr die Klarheit des Geistes entgegen, so wohlgezügelt wie ein Schlachtross.

Tue es nicht den Feinden der Gälen gleich, die, als sie des Nachts den Schein von Fackeln sahen und diese für Drachen hielten, sich Hals über Kopf zur Flucht wandten. Werde nicht zum Spielball deiner Furcht, wenn du der Gefahr ins Auge blickst. Besinne dich und bleib wachsam. Bringe den Aufruhr deines Herzens zum Schweigen, und die Gespenster werden dir vorkommen wie Holzpuppen, mit denen Kinder spielen.

Die Mauern der Festung von Navan waren zu hoch, um sie zu überwinden. Also machte der Druide Fingal seinen Geist leicht und frei, verwandelte sich in einen Vogel und setzte sich auf die höchste Zinne. So vermag der Geist zu handeln angesichts von Widrigkeiten: Er verwandelt sich und entgeht der Falle.

Wenn dich die Furcht zu übermannen droht, so verscheuche sie. Treibe die wilde Herde deiner Gedanken zusammen, führe sie auf die Koppel und schließe das Gatter.

Sei wachsam. Wer sich in Zeiten des Wohlergehens in zu großer Sicherheit wiegt, ist oft zu zögerlich und ängstlich, wenn es Zeit ist zu kämpfen.

Du bist kein Verlorener, weil du zahlreichen Prüfungen und Versuchungen ausgesetzt bist. Du bist ein Mensch aus Fleisch und Blut und kein Geistwesen.

Der schlimmste und schrecklichste Feind deines Geistes bist du selbst, solange du innerlich noch nicht eins mit dir geworden bist.

Schnüre deinen Harnisch und halte die Waffe mit fester Hand, bis der harte Kampf mit funkelnden Schwertern ausgefochten ist. Suche deinen Vorteil, aber zeige dich dennoch voller Edelmut.

Es ist die verwerfliche Eigenliebe des Menschen, der alle Laster entspringen. Diese Eigenliebe musst du ausreißen wie Unkraut. Ist dieser Kampf erst gewonnen, findest du Ruhe und Frieden.

Stärke deinen Mut in deinen täglichen Verrichtungen. Hier wird der Sieg am schwersten erfochten. Bekämpfe deine schlechten Angewohnheiten, deine Lügen und deine Niedertracht, ohne ihnen auch nur einen Fußbreit Raum zu geben.

Mut ist bei den einfachsten und weisesten Menschen zu finden, die die Welt mit Staunen betrachten und sich nicht von ihren Leidenschaften beherrschen lassen.

Die Großzügigen und die Tapferen haben das glücklichste Leben, selten werden sie von Kummer erdrückt. Der Feigling lebt in Furcht und der Geizhals im Elend.

Der Feigling glaubt, ewig zu leben, wenn er sich dem Schlachtfeld fernhält, das Alter aber wird ihm jenen Frieden rauben, den er sich auch durch die Lanze nicht sichern kann.

Bleib im Glück wie im Unglück natürlich und gelassen. Erinnere dich daran, dass, wenn auch der Tag vergeht, die Sonne immer wiederkehrt.

Kommt und versammelt euch unter dem Apfelbaum. Der Alte Eber wird euch eine Lektion erteilen. Drei Dinge sind beim Menschen leicht zu verletzen: das Knie, der Ellbogen und die Eitelkeit.

Wenn du siegen willst, musst du auch bereit sein zu kämpfen. Wenn du nicht kämpfst, kannst du auch die Krone der Geduld nicht erringen. Wer das Leid ausschlägt, schlägt auch die Krone aus. Kämpfe beherzt, leide geduldig. Ohne Mühe gibt es keine Rast und ohne Kampf keinen Sieg.

Die dunklen Wolken bringen Regen, der die Erde nährt. Eins ist nicht des anderen Feind, alles ergänzt einander in Harmonie. Was zunächst wie ein Unglück wirkt, erweist sich als Segen.

Wenn er sich seiner inneren Quelle zuwendet, dem Ort, an dem alles Leben entspringt, wird der Mensch frei von allem, was sein Herz in Unruhe versetzt. Dafür musst du nicht der Gesellschaft der Menschen entfliehen und dich in tiefe Wälder zurückziehen. Dieser Ort ist hier, du kannst ihn überall finden.

Selbst das wildeste Tier erzittert, wenn es einem Menschen gegenübersteht, der entschlossenen Geistes ist und Herr seiner selbst. Ist der Geist nicht frei von Emotionen und von Zielstrebigkeit und Vertrauen erfüllt, so verjagt er die Furcht.

Schwierigkeiten sind die Stufen, die dich emporführen. Dies ist ein glückverheißender Aufstieg, allem Regen, allem Nebel und allen Stürmen zum Trotz. Keine Gefahr droht dir. Nach dem Dunkel der Nacht kehrt stets die Sonne wieder.

Verwandle deine Furcht in Neugier, und du beschneidest sie auf ihr rechtes Maß. Beobachte sie, lerne sie wie ein Haustier zu betrachten, das zu deinen Füßen schläft. Furcht ist nur ein Spielzeug deines Geistes.

Ein Heer schwarzer Gedanken ist über mich hergefallen und ich schlottere vor Angst. Wie soll ich es mit so vielen Feinden aufnehmen, ohne Wunden davonzutragen? Ich muss mit einem Licht in der Hand in mein Inneres hinabsteigen und das Dunkel, das dort haust, vertreiben.

Träume, die das Herz des Menschen bedrücken, sind ebenso mächtige Feinde wie jene aus Fleisch und Blut. Der Mensch muss an der Pforte zum Schlaf eine Wache aufstellen, um die dunklen Träume mit Wachsamkeit und Klarheit zu bekämpfen.

Stärke deinen Mut, indem du mit dir selbst ringst. Tue dies ohne Hass, aber sei unnachsichtig und unerbittlich gegen deine Feigheit und deine schlechten Gedanken.

Welchen Ruf möchtest du unter den Menschen haben? Den eines ängstlichen Menschen? Nimm deinen Mut in die Hand, führe ihn wie die Zügel eines Pferdes. Ohne Mut bist du wie ein kopfloser Reiter, der das Ziel nicht sieht und allen Widrigkeiten ausgeliefert ist.

Diese Angst, die dein Herz auffrisst, ist nur eine leblose Gestalt. Lerne, ihr ins Gesicht zu blicken, bring deine Gefühle zum Schweigen, dann packe sie und setze sie vor die Tür.

Mein Herz hat endlose Wege auf sich genommen. Berge an Kummer haben mich überwältigt, aber ein einziges Wort hat mich geheilt.

Die Angst der Menschen ist auch die Angst der Tiere. Sie ist nichts anderes als die Angst vor dem Tod in seinen zahllosen Formen. Verscheuche sie, vertreibe sie aus ihrem Schlupfloch in der Tiefe deines Geistes. Sie ist nur ein Schatten, der im Licht des Feuers keinen Bestand hat. Ein einziger Hauch deines Atems genügt, um sie davonzujagen.

Liebe

Dein Bruder ist ein schweifender Stern, dessen Licht erloschen ist. Nähere dich ihm mit klarem Geist und erwecke seine Kraft zu neuem Leben, so wie man mit einer brennenden Fackel eine andere Fackel entzündet. Lerne, Liebe zu verbreiten.

Sei dem anderen nah, wenn du nicht willst, dass sein Geist dich verfolgt. Denke immer daran, dass die Liebe wie eine Sonne ist, die böse Geister vertreibt.

Brüderlichkeit beschränkt sich nicht auf die Gemeinschaft der Menschen und ihre Welt. Sie reicht bis zu den am weitesten entfernten Sternen.

Fälle kein Urteil, nenne nichts gut oder schlecht, ehe du dein Herz befragt hast.

Jeder Mensch verdient es, geliebt zu werden. Nimm jeden an, so wie du den Himmel, die Sonne oder die ziehenden Wolken annehmen würdest. Lerne, mit Leichtigkeit zu lieben, ohne vor der Tiefe der Liebe zu erschrecken.

Die schönste Liebeserklärung von Bran, König über die zwei britannischen Reiche[6]: »Ich liebe eine Frau, deren Schönheit die ganze Welt heilt.«

Die Frau ist eine in einem menschlichen Körper vergessene Fee. Immer wenn sie sich daran erinnert, erstrahlt ein Stern am Himmel.

Willst du ein Wesen verstehen, so musst du dich in es hineinversetzen und ihm bis in seine Träume folgen.

---

6 Historisch gab es zwei »Britannien«, die Insel Britannien und das Britannien auf dem Festland, das wir heute »Bretagne« nennen. [A. d. Ü.]

Lasse nicht zu, dass die Gewohnheit sich breitmacht. Betrachte ein geliebtes Wesen mit dem Auge des Mysteriums. So erneuert sich die Leidenschaft gleich dem reinen Wasser eines Baches, das sich stets verändert und unaufhaltsam fließt.

Ich liege im Bett neben meiner Frau, ich spüre die Wärme ihres Leibes, ich höre ihr regelmäßiges Atmen, ich berühre ihre zarte, glatte Haut, ich rieche den Duft ihres Körpers, ich sehe ihre Gestalt. Ich liebe sie so, wie ich mich liebe. Durch uns schläft die Natur, träumt und erwacht. Das Hohelied der Liebe steigt hinauf bis zu den Sternen.

Die Liebe ist ein großes Gut. Sie macht das Schwere leicht, sie lässt uns unsere Bürde mit Gleichmut tragen und alles Bittere süß und köstlich schmecken.

Gib deiner Frau und den Kindern zwei Drittel deiner Großzügigkeit und Freundlichkeit. Sei nicht hartherzig gegenüber denen niedrigen Standes, denn ihr Leben birgt vielleicht eine Weisheit, die du nicht begreifst.

Drei Mädchen begleiten die Liebe und das Glück: die Schweigsamkeit, die Sorgfalt und die Ehrlichkeit.

Wenn ich den Armen ein Almosen gebe, ohne auf meinen Vorteil zu schielen oder auf meine Großzügigkeit stolz zu sein, so deshalb, weil ich weiß, dass aller Reichtum, den ich besitze, nicht mir gehört, sondern mir nur von Gott geliehen wurde.

Die Liebe hat keinen Anfang. Sie ist wie ein unendlicher Ozean, der alle Welten umschließt. Wovor hast du Angst? Jedes geliebte Gesicht ist eine Pforte zur Unendlichkeit.

Möge meine Liebe zu den Wesen die Liebe Gottes und seiner Schöpfung sein, möge mein Mitgefühl mit den Unglücklichen seines sein, möge mein Almosen angenommen werden wie ein Geschenk, das von ihm kommt.

Ohne Nächstenliebe gleicht der Geist einer Harfe mit gerissenen Saiten.

Ich reinige meinen Leib, meine Rede und meinen Geist und werde eins mit dem anderen. So erlange ich Zugang zu den Geheimnissen des Herzens und dem tieferen Sinn in den Dingen.

Im Spiegel der Liebe sind Sonne und Mond eins.

Erlaube dem Kummer nicht, dich mit seinem Griff zu umklammern, noch den Versuchungen der Welt, dich zu umgarnen. Geh und trinke Tag und Nacht den Honig der Liebe, ehe der Tod dir den Mund verschließt. Unser Dasein ist kurz, doch unsere Leidenschaft ist lang.

Die Liebe macht aller Menschen Herz froh. Sie ist Quell unendlicher Freude. Nicht unsere Mutter schenkt uns das Leben, sondern die Liebe.

Überlasse dich ganz der Liebe, auch wenn du ihr geheimes Ziel nicht kennst. Sie wird dir zeigen, warum das Leben von Anfang an gut ist. Sie erlöst dich von deiner Angst und erleuchtet dein Tun.

Das Gefühl der Harmonie, das ich beim Anblick der Natur empfinde, ist eines der vielen Gesichter der Liebe, zart, leicht und allumfassend.

Liebende sind im Augenblick des Entzückens nicht von der Welt getrennt. Die Kräfte der Natur durchströmen sie, das Glück, zu erblühen und Sonnen aufgehen zu lassen. Göttliche Liebespaare haben diese Verwandlung erfahren, als ihre beiden Leiber eins wurden, ein Geistkörper, ein Körper aus reinem Licht.

O du Bewohner der Berge, lass diesen Speer, den du wurfbereit in der Hand hältst, gnädig sein! O Beschützer der Berge, tue weder Mensch noch Tier Gewalt an.

Die Liebe ist wie ein wärmendes Feuer, das sich der Sonne nähert.

Sosehr ich mich auch bemühe, Frieden zu finden, begegnen mir im Leben immer wieder Kampf und Schmerz. Deshalb braucht der Mensch die Liebe. Wie Honig erfüllt sie das Leben mit Wohlgeruch und Süße.

Die tiefe Verbindung, die zwischen Mensch und Welt besteht, kann in ihrer Vollkommenheit nur von einem Geist mit offenen Sinnen gesehen werden.

Genuss kann man nicht erzwingen. Er ist ein Geschenk an all jene, die offenen Sinnes sind, die hören, die empfangen, statt zu nehmen.

Den anderen einfach nur anzusehen, seine Hände zu berühren oder seine Stimme zu hören, erweitert unsere Wahrnehmung und erfüllt uns mit dem Gefühl, dass unser Leib die äußere Welt umschließt.

In der Liebe zeigen die Liebenden sich einander unverhüllt, so, als wären die Hände des einen nun die Hände des anderen. Daraus erwächst eine tiefe Vertrautheit mit dem »anderen«.

Während des Liebesaktes können wir uns dem anderen vertrauensvoll öffnen und ihn an unseren Gedanken in ihrer Frische und Offenheit teilhaben lassen. Dem anderen zu zeigen, was wir denken, ist eine Form der Vertrautheit, die noch tiefer geht als die bloße Darbietung des nackten Körpers.

Der Liebende läuft, fliegt, ist voller Freude. Er ist frei und nichts kann ihn festhalten.

Die Liebe gleicht dem Blut in unseren Adern. Wie könnte es ruhen, solange es in unseren Adern fließt?

Die wahre Liebe ist niemals satt – selbst wenn du von ihr alle Köstlichkeiten erhalten hättest, die sie den Menschen schon gegeben hat – und immer durstig – selbst wenn sie dir alles Wasser zu trinken gegeben hätte. Immer fragt sie: »Ist da noch mehr?«

Oft ist die Liebe maßlos: Wie kochendes Wasser geht sie über. Sie siegt dort, wo die anderen gescheitert sind.

Wahre Liebe verlangt Wahrhaftigkeit. Verletzte Gefühle vermag die Liebe zu heilen, doch kommen Lug und Betrug ins Spiel, so ist das ihr Tod.

Die Leidenschaft des Verliebten schätzt nicht das Schwere, das Hindernis, das sich ihrem Begehren entgegenstellt. Angus verwandelte sich in einen Schwan, um die Liebe Caers, einer der Königinnen Irlands, zu gewinnen. Verwandle dich, wenn du verführen willst, ohne aufdringlich zu sein. Ersinne unermüdlich neue Worte und Zeichen der Liebe.

Ist der Geliebte oder die Geliebte fern, so wird der Mensch verbittert und unglücklich. Er weiß nicht, dass unser Verlangen selbst die größten Entfernungen überwinden kann. Das Verlangen verbindet den Geist mit dem anderen Geist und vereint im Nu, was getrennt war.

Es gibt keine Liebe ohne gegenseitiges Erkennen: zwei erstaunte Gesichter im selben Spiegel.

Lerne, ruhigen Geistes in die Augen eines Tieres zu blicken. Lausche mit Liebe seiner Seele. Es ist dein Bruder in anderer Gestalt.

Wenn Mann und Frau sich zusammentun, so ergreift bald der Dämon des Unglücks Besitz von ihnen. Die Rivalität in der Liebe schließt die Türen des Herzens, wühlt die Sinne auf und verwirrt die Gedanken. Strebe im Umgang mit anderen nach Harmonie. So werden alle Hindernisse endgültig beseitigt.

Sanftmut lässt sich nicht messen oder auf einen Gedanken beziehungsweise ein Gefühl reduzieren. Sie ist die höchste Süße, die in einem einzigen Augenblick alle Horizonte vereint.

Was wäre ich ohne Liebe anderes als ein verdorrter Baum, der nur als Brennholz taugt, ein leerer Becher, aus dem niemand mehr trinkt, ein Vogel ohne Flügel?

Liebe vertreibt die Dunkelheit wie die siegreiche Sonne, wie ein Feuer in der Nacht.

Ob du wachst oder schläfst, die Liebe verlässt dich nicht. Sie gleicht dem Regen, der nicht aufhört, leise zu fallen. Ein sanfter, wohltuender Regen, der über Nacht die Pflanzen sprießen lässt.

Sieh die junge Kiefer, die einsam vor sich hin kümmert und den Schutz von Rinde und Nadel entbehrt. Wie lange wohl kann ein Mensch, der von niemandem geliebt wird, bestehen?

Ich sagte meinem Herzen: »Dünke dich anderen nicht überlegen. Geh und bringe den Balsam der Güte. Sei nicht wie ein spitzer Stachel, wenn du nicht willst, dass dir von anderen Leid geschieht. Sage nichts Böses, tue nichts Böses, denke nichts Böses.«

Hast du je gesehen, wie die Blätter unter den Liebkosungen des Windes freudig erzittern, hast du je ihre Sanftheit bemerkt, die zu unserem Herzen spricht? Dann weißt du, was Zärtlichkeit ist.

Der Rauch, der aus unserem Herzen aufsteigt, ist Zeichen unserer Zuneigung. Er färbt unsere Gesten, unsere Taten, unsere Worte. Er kündet von der Gegenwart des Freundes, vom gastfreundlichen Herd, von der Verbundenheit der Menschen, die sich um ein Feuer versammelt haben. Ein leichtes Strahlen, für die Augen kaum sichtbar, gleich dem Wind, der keinen Leib hat, dessen machtvolles Wehen du dennoch verspürst.

SELBSTVERTRAUEN

Wenn du keine Fehler machst, erlangst du auch keine Einsicht. Manchmal kann uns ein Fehler ebenso zum Handeln anstacheln wie ein tugendreiches Vorbild.

Mache niemandem etwas vor. Aufrichtigkeit besteht darin, liebevoll die Wahrheit zu sagen, ohne den anderen verletzen zu wollen.

Lancelot überquerte mit bloßen Händen und Füßen die Brücke auf der Schneide eines Schwertes, um zu Ginevra zu gelangen, die in der Nebelburg gefangen gehalten wurde. Denke über dieses Vorbild nach. Verlangen und Wagemut sind die gesegneten Kinder des Gelingens. Ohne ihre Hilfe bleibt die Festung uneinnehmbar.

Gehe Streit mit dummen Menschen aus dem Wege. Denn oft gebraucht ein Dummkopf schärfere Worte, als er eigentlich möchte. Wahre unter allen Umständen vollkommene Selbstbeherrschung.

Wenn dir unterwegs eine böse Hexe begegnet, setzt du besser deinen Weg fort, auch wenn die Nacht dich überraschen sollte.

Wenn vom Bier berauschte Krieger dich mit Beschimpfungen überhäufen, so lasse dich auf keinen Streit mit diesen Trunkenbolden ein: Der Alkohol hat schon so manchem den Verstand geraubt.

Wenn du mit einem Edlen Streit hast, so ist es besser, den offenen Kampf anzunehmen als feige sein prächtiges Haus anzuzünden.

Hüte dich vor Niedertracht und enthalte dich jeder Falschheit. Verführe nicht die Jungfrau noch das Weib eines anderen. Bringe sie nicht in eine ausweglose Lage.

Sei stets auf der Hut vor Gefahr und habe ein Auge auf deine Freunde. Willst du ein würdiger Kämpfer sein, so zeige dich friedlich im Haus eines Großen und furchteinflößend in der Gefahr.

Lege in der Schlacht nicht Hand an den Narren, denn er weiß nicht, was er tut.

Sich kennen ist gut, sich beherrschen ist besser.

Um Selbstvertrauen zu erlangen, musst du Ehrfurcht vor dem Leben haben. Du wirst nicht mehr wagen, Tier oder Pflanze Gewalt anzutun. Du wirst die Welt als verletzliches Wesen erkennen und Liebe für die ganze Schöpfung empfinden.

Habe keine Furcht vor dem Urteil der anderen, ihren Beleidigungen und Verleumdungen. Bleibe standhaften Herzens. Was sind Wörter anderes als ein Windstoß? Sie peitschen die Luft, doch dem Stein können sie nichts anhaben.

Nimm deine Worte in die Hand und drehe sie sieben Mal um, ehe du sie aussprichst. Dann wird keinerlei Leid aus deinen Worten entstehen.

Bewahre deinen Scharfblick und lasse dich nicht täuschen. Drei sind es, die du fürchten musst: einen fremden Hund, ein plötzliches Hochwasser und den Mann, der sich für weise hält.

Es sollte für dich eine Ehrensache sein, keinen anderen Diener zu haben als dich selbst.

Werde dir deiner wahren Bedeutung bewusst. Worüber beklagst du dich? Du hast Augen, um die Herrlichkeiten dieser Welt zu sehen. Du hast Ohren, um das geheime Leben in den Dingen zu vernehmen und die freundlichen Worte der Menschen zu hören. Du hast ein fühlendes Herz. Dein Reichtum ist unermesslich. Du gleichst einem Menschen, der sein Gedächtnis verloren hat. Die Taschen voll Gold, hält er sich für arm und elend und all seines Besitzes beraubt.

Erhebe niemanden zum Richter über dein Handeln.

Welche Umstände dir auch begegnen mögen, sei stets wie eine Insel inmitten der Wogen, ein Berg inmitten der Wolken.

Ein bisschen Weisheit sollte jeder Mensch besitzen, doch niemals zu viel. Wer sein Schicksal nicht im Voraus kennt, dessen Herz ist unbeschwerter.

Selten trifft den Weisen ein Unglück, denn es gibt keine bessere Gefährtin als die eigene Hellsichtigkeit.

Vertiefe dich in die Herrlichkeit der Natur, doch werde nicht untätig. Wenn du heiteren Herzens bist, werden dir alle Dinge Freund sein.

Sieh in die Augen der anderen und erwache. Auch sie sind deine Quelle.

Ich besitze keine Herden, kein Rind und kein Schaf. Ich habe keine Pferde im Stall und keine Gänse im Gehege. Ich habe weder Schmuck noch Gold im Haus. Ich habe weder Weizen noch Gerste in meiner Scheune. Die einen bemitleiden mich, die anderen schauen auf mich herab, ich aber fühle mich frei.

Hüte dich vor den drei übel verrufenen Schwestern: Trägheit, widerwilliges Geben und geschlossene Faust.

Meine Schultern sind breit und stark, die Muskeln an meinem Arm wölben sich. Meine Beine sind kraftvoll wie Baumstämme, mein Rücken gleicht einer mächtigen Mauer.

Dennoch bin ich schwach, wenn die Versuchung über mich kommt, schwach wie ein dürrer Zweig. Was ich will, das nehme ich mir, begehre ich eine Frau, so fordere ich sie. Ich benutze die Kraft meines Leibes, um mich der Schwäche meines Herzens zu überlassen. Mögen meine Muskeln schwach werden und meine Seele so stark sein wie eine Eiche!

Ich mache meinen Geist zu einer kleinen Insel, sammle meine Kräfte und rücke vor. Ich gebe nur meine Schwächen und meinen nutzlos gewordenen Schutzwall preis. Welcher Sturm könnte mich da noch entwurzeln?

Denke immer daran, dass dich auf der langen Reise deines Lebens stets Verbündete und Helfer begleiten.

Nur der Mensch, der sich selbst beherrscht, kann sich von den Kräften befreien, die seinem Leben Fesseln anlegen.

Die Natur umgibt und umfängt uns. Unfähig sind wir, ihr zu entkommen, unfähig, ihre Geheimnisse zu ergründen. Die Natur hat mir diesen Platz zugewiesen, sie wird mich wieder mit sich nehmen. Was sie auch tut, ich habe Vertrauen, denn sie kann ihr eigenes Werk nicht hassen.

Was die Götter von den Menschen unterscheidet, ist ihr Blick auf die Welt, ihr Geist. In ihren Augen zieht das Leben wie ein ewiger Strom Welle um Welle vorüber. Wir hingegen sehen nur die eine Welle, die uns emporhebt, über uns zusammenschlägt und uns verschlingt. Ein schmaler Ring begrenzt unser Dasein. Lerne, mit neuen Augen zu sehen, und du wirst deine verlorene Göttlichkeit wiederfinden.

Du betrachtest die Natur, und sie umgibt dich, wie Tiere eine Wasserstelle umgeben. Du bist diese Quelle. Durch dich, deine Augen, deine Zunge, deine Ohren, die vielfältigen Pforten deiner Sinne, erfährt sie ihren Glanz. Du hast die Kräfte eines Zauberers.

Bevor ein Druide auf Reisen geht, sammelt er seine Kräfte und klärt seinen Geist. Dies erleichtert seine Reise. Er versteht das Rauschen des Waldes, das Rascheln der Blätter und den Gesang der Vögel. Sie warnen ihn vor Gefahr oder sagen ihm, welchem Weg er folgen soll.

Verliere nie deinen Leitstern aus den Augen. Sieh ihn als deinen weit entfernten, geheimnisvollen Geist, der mit dir durch das Band deiner Gedanken verbunden ist. Sprich zu ihm, rufe ihn an, und er wird zugegen sein, dir Wohltaten erweisen und deinem Schritt Sicherheit verleihen wie eine Fackel in der Nacht.

Ich wusste, dass ich Aufrichtigkeit erlangt hatte, als ich erkannte, dass ich, ich allein, die geschaffene Welt bin.

Du bist nicht allein, wenn du gehst oder andere Dinge tust. Das ganze Universum bewegt sich mit dir. Diese Sicht lässt im Geist Heiterkeit entstehen und vervielfacht deine Lebenskraft. Du bist wie hundert Krieger, die im Geist eines einzigen versammelt sind. Welches Hindernis sollte dir da noch im Weg stehen?

Mangelt es dem Geist an Klarheit, dann sind unsere Gewissheiten nichts weiter als Verblendung. Nur ein klarer Geist kann unvoreingenommen und ohne Zögern entscheiden, was zu tun ist.

Unter allen Geschöpfen der Natur setzt der Mensch sein Vertrauen zuerst in seinesgleichen. Wenn er die Welt an-nimmt, wird man ihm mit Vertrauen begegnen.

Leid und Unglück

Damit der Wille eine freie Entscheidung treffen kann, muss er selbst auch frei sein. Ein unentschiedener Wille kann nichts bewirken. Er ist in sich gefangen und in seine Widersprüche verstrickt.

Der Unschuldige erfährt Leid, der Gerechte hingegen tritt ihm entgegen und bekämpft es.

Wir sagen uns gerne, dass wir die Guten sind. Wir bieten alles Geschick unseres Verstandes auf, um unser Gewissen zu beruhigen und begangenes Unrecht zu beschönigen.

Die drei größten Feinde, deren Wüten der Mensch fürchten muss: das Wüten des Wassers, das Wüten des Feuers und das Wüten der Lüge.

Tugendhafte Handlungen sind die Waffen der Weisheit. Alles hängt davon ab, wonach du innerlich strebst. Dein Handeln sollte auf das Wohl aller zielen und nicht auf persönlichen Vorteil.

Es gibt keinen Zorn. Es gibt nur das Aufbrausen des Willens, die Empfindung des Zorns. Wenn der Geist dies einfach geschehen lässt, ohne ihm weiter Aufmerksamkeit zu widmen, ist der Zorn nur ein vergängliches Gefühl, das so schnell vergeht, wie es gekommen ist.

Drei Wahrheiten: Sonnenaufgang, Sonnenuntergang und Tod.

Drei, die die Wahrheit sagen: das Kind, der Narr und der Leichtsinnige.

Warum willst du dich darauf versteifen, in den Gefühlen getrennte, ja sogar widersprüchliche Kräfte zu sehen? Es gibt nicht eine Vielzahl von Gefühlen. Es gibt nur ein Leben, das sich uns in seiner Vielfältigkeit offenbart. Wir sind die Schöpfer unserer Gefühle, ohne uns wären sie nicht da. Nimm sie als das, was sie sind: Reaktionen, die durch die sichtbare Welt verändert werden.

Kurz ist das Glück, das der Mensch gibt, kurz ist das Glück, das dem Menschen gegeben wird. Freude geht stets einher mit Trauer, gleich dem Frühlingsregen, der die Sonne verdunkelt und dennoch die Erde nährt.

Der, dessen Gewissen rein ist wie ein Spiegel, findet mit Leichtigkeit Ruhe und Glück. Sobald er ihnen begegnet, werden seine Feinde zu Verbündeten.

Die drei härtesten Dinge, die auf dieser Welt zu finden sind: Stahl, der neun Mal bis zur Weißglut erhitzt wurde, Feuerstein und das Herz eines geizigen Menschen.

Manche Menschen scheinen, vom Leben gebrochen, allen Besitz verloren zu haben. Lass dich nicht vom Anschein täuschen, denn es gibt drei Arten von armen Menschen: die, die arm sind, weil die Götter es so gewollt haben; die, die arm sind, weil sie es selbst so gewollt haben; die, die arm wären, selbst wenn sie die ganze Welt besäßen.

Drei sind der Tod der Weisheit: Unwissenheit, ungenaues Wissen und Vergesslichkeit.

Wenn du vor Gericht erscheinen musst, vergiss nicht, was die Dreizeiler der Druiden sagen. Drei Dinge, die der Richter braucht: Urteilskraft, Maß und Gewissen. Drei Dinge, die einer braucht, der vor dem Richter steht: eine Goldmine, ein Gesicht aus Erz und ein Herz aus Stein.

Wie viel Zeit bleibt dir noch zu leben? Versuche nicht, die Tage zu zählen. Seit Anbeginn der Zeit wechseln Morgenrot und Abenddämmerung einander ohne Unterbrechung ab. Du warst am Anfang da, du bist jetzt da, und du wirst morgen noch da sein. Nichts verschwindet jemals wirklich im großen Kreislauf der Zeiten.

Wenn man im Mondlicht am Fuß des Grabhügels sitzt, ändert sich der Lauf der Zeit. Ich sehe, dass alles ewig gegenwärtig ist, die Vergangenheit wie die Zukunft, das Leben wie der Tod. Was geschehen ist, ist nicht verschwunden. Die Ereignisse ziehen nur vorüber wie Zugvögel, die uns verlassen, wenn der Sommer zu Ende geht. Sie gehen und kommen und wissen, was gut für sie ist.

Beschwere deinen Aufstieg nicht durch die unnütze Last des Stolzes und der Selbstzufriedenheit.

Die Natur lehrt uns, welche Fehler wir vermeiden sollen. So gibt es drei Fehler im Umgang mit dem Korn: es schneiden, wenn es noch grün ist; es mahlen, wenn es noch feucht ist; es essen, wenn es noch frisch ist. Wähle den rechten Augenblick für die Ernte. Gib acht und lass ihn nicht verstreichen, wenn du Früchte tragen und an Weisheit gewinnen willst.

Gelingt es dir nicht, Menschen und Ereignisse nach deinem Gutdünken zu formen, so gib acht, dass nicht sie dich verändern.

Dies sind die drei Schlüssel, die jede Zunge lösen: Trunkenheit, Vertrauen und Liebe.

Sinne heiteren Herzens über den Rat der Helden nach und nimm mit Leib und Seele seine tausendjährige Weisheit auf. Die Würde und der Edelmut eines solchen Kampfes verwandeln die menschlichen Leidenschaften, sodass sie erstrahlen wie ein Funkenregen. Die Welt wird aufhören dich zu hassen, ja selbst die massivsten Mauern sind für dich kein Hindernis mehr.

Ich habe Frieden geschlossen mit allen Geschöpfen, einen Frieden, den kein Krieg je brechen wird. Und ich habe einen Kampf gegen mich selbst begonnen, bei dem es keinen Frieden geben wird.

Zahlreiche Gespenster, die uns schlechte Gedanken schicken, hausen in unserem Geist. Ihnen müssen wir mit der Fackel der Klarheit entgegentreten und dabei jeden dunklen Winkel unserer Seele ausleuchten, ohne ihnen auch nur einen Augenblick der Schonung zu gewähren.

Ob du Hindernissen ausweichst oder ihnen die Stirn bietest, ob du im Licht wandelst oder im Dunkel, solange du nur vorwärtsschreitest, bahnst du dir den Weg zu dir selbst.

Fürchte dich nicht vor dem Wandel, ob sich nun die äußere Welt verändert oder dein Körper. Dein Handeln endet nicht, noch vergeht es, es setzt sich nur unter anderen Bedingungen fort. Die Vorstellung von Alter und Verfall ist nur eine schlechte geistige Angewohnheit. Wir haben vergessen, dass die Welt in jedem Augenblick neu entsteht, gleich dem Wasser, das immer neu der Quelle entspringt.

Sorge, Illusionen, Spannungen und Furcht vor der Welt sind nicht wirklich. Nur eine Gewissheit hat der Mensch: Er weiß, dass er lebt, dass er auf der Welt ist und dass es neben ihm andere gibt, die vom selben Leben, derselben Präsenz belebt sind. Dieser Gedanke allein kann unseren Geist schon auf die Weisheit hin ausrichten.

Habe keine Angst zu altern. Die goldenen Herbsttage werfen einer nach dem anderen ihr Laub ab, und die Natur bereitet sich auf den Winter vor, auf die abermalige Wiederkehr der Sonne. Was für dich der ewige Schlaf des Leibes und die Kälte des Todes ist, ist nur heilender Schlaf und die Vorbereitung auf dein Erwachen inmitten derselben Natur.

Ein Krieger aus dem Stamm der Fianna focht mit einem schrecklichen Feind die ganze Nacht hindurch bis zum Morgengrauen. Im Licht der aufgehenden Sonne erkannte er, dass er mit sich selbst kämpfte.

Ein ruhiges Gewissen vermag vieles zu ertragen. Selbst im wildesten Sturm bleibt es gelassen. Ein schlechtes Gewissen hingegen ist stets von Unruhe erfüllt. Dein Schlaf ist ruhig, wenn dein Herz sich nichts vorzuwerfen hat.

Der Weise steht über allen Wechselfällen des Lebens. Darum ist er im Sturm unerschütterlich und bleibt sich stets treu. So übersteht er unschwer alle Stürme.

Ich habe keine Angst vor den wandernden Schatten. Sie sind das Zerrbild meiner selbst, Ausgeburten von Sorge, Verwirrung und Verzweiflung. Ich scheue sie nicht. Es genügt, sie mit einer Handbewegung zu verscheuchen wie einen Schwarm unbedeutender Fliegen.

Nichts beschmutzt und verhärtet das menschliche Herz mehr als die egoistische Liebe.

So wie das Eisen im Feuer geschmiedet wird, so formen Prüfungen den Charakter des Menschen und läutern seinen Geist.

Dagda, der Gott der Weisheit, schlug Taran vor, sich mit einem erbärmlichen Gegner zu messen: einer alten Frau, die nur mit winzigen Schritten vorwärtskam. Der Gott des Blitzes schwang seinen Streithammer, doch sein Schlag ging ins Leere, der Hammer entglitt seinen Händen. Da packte ihn die Alte an seiner Rüstung und zwang ihn in die Knie, als wäre er hohles Schilf. »Welche Teufelei ist das?«, fragte Taran. »Hast du mich gegen eine Hexe in den Kampf geschickt?« Die Antwort Dagdas hallte in allen Welten wider, vom Herzen der Götter zu den Herzen der Menschen: »Das ist keine Hexe, nur ein sehr altes Weib. Weißt du, warum sie dich besiegt hat? Ihr Name ist Elli[7], sie ist niemand anderer als das Alter selbst, das eines Tages auch die Stärksten zu Fall bringt.« Da steckte Taran seinen Hammer wieder ein. Er erkannte, dass er hier auf andere Art würde kämpfen müssen.

Unser Schicksal ist nicht vorhersehbar. Fragen wir also nicht jedes Mal die Götter um Rat, wenn uns ein Hindernis im Weg steht. Ich vertraue den Zeichen. Lange habe ich über den Widerspruch von Leben und Tod, von Tag und Nacht nachgedacht. Keine der beiden Seiten vermag den Sieg davonzutragen. Wie könnten sich auch zwei Seiten ein und derselben Klinge bekämpfen?

Der Fluss und seine Quelle sind miteinander verbunden. Selbst wenn der Mensch einen Damm errichtet und das Wasser umlenkt, gibt es zwischen ihnen weder Bruch noch Trennung. Das Wasser entspringt stets derselben Quelle. Es sorgt sich nicht wie der Mensch, der sich, von seiner Quelle abgeschnitten, vor jedem Hindernis fürchtet.

---

7   »Elli« ist altnordisch und bedeutet »Alter«.

Wenn sich dein Gegner in dir einnistet und die Herrschaft über deinen Geist übernimmt, wie willst du ihn da noch bezwingen? Lasse nicht zu, dass sich Hass und Groll in dir sammeln. Sie würden schließlich zu einem Feind in deinem Inneren werden, der nur schwer zu besiegen ist.

Sieh dir die Sterne am Himmel an. Sie zweifeln nicht, sie grübeln nicht, sie fürchten sich nicht, sie haben nicht den Wunsch, miteinander zu streiten. Sie sind damit zufrieden, ihr Licht scheinen zu lassen. In diesem weiten Universum, vom fernsten Stern bis zur kleinsten Blume, hastet nur der Mensch herum und findet seinen rechten Platz nicht.

Du musst die Vorstellung von Tod, Schlaf, Krankheit und Sorge besiegen. Siege über deine Einbildungen und erfreue dich der Wirklichkeit.

Nur nach einem langen und schweren Kampf mit sich selbst wird man wirklich zum Herrn seiner selbst und versöhnt sich mit der Natur.

Die Möglichkeiten des Menschen sind grenzenlos, doch sein Unvermögen, glücklich zu sein, bringt ihn überall in Gefahr.

Bevor du handelst, denke gut darüber nach. Du weißt, was du tust, warum du es tust, und welche Folgen dein Tun hat.

Gestrüpp und Schlangen können den Wanderer nicht aufhalten, der seinem Geschick vertraut. So beschützt er sich und erleuchtet seinen Weg.

Wenn du dich in tiefe Andacht versetzen kannst, wird dich nichts berühren. Im Angesicht des Unglücks zu schweigen und sich von den Menschen und ihren Meinungen nicht aus der Ruhe bringen zu lassen, ist keineswegs ein Zeichen von Feigheit.

Was soll ich angesichts der Prüfung tun? Das Vertrauen bewahren und das Unglück mit Geduld ertragen, bis sich der Sturm verzogen hat und die Stille wiederkehrt.

Hüte dich vor nutzloser Neugierde, die dich dazu bringen will, in die tiefsten Mysterien der Natur einzudringen, wenn du nicht unter einer Lawine von Zweifeln begraben werden möchtest.

Wenn du siehst, wie einer stiehlt oder sonst etwas Unrechtes tut, so bilde dir nicht ein, ein besserer Mensch zu sein als er, denn du weißt nicht, wozu du selbst imstande bist.

Wie die bösen Geister, die Verderbtheit, den Hass und die Angst besiegen, die sich deines Herzens bemächtigt haben? Mache dich frei von allen Gedanken und verweile in diesem Zustand wie in einem dichten Wald. Richte deinen Geist auf deine Dämonen und meditiere, als besäßest du magische Kräfte. Dann benutze deine analytische Vernunft wie eine scharfe Axt, um sie aus deinem Geist zu schneiden.

Durch dich, in deinen Freuden und deinen Schwierigkeiten, drückt sich die Ganzheit der Natur aus. Was du auch tust, dein Herz schlägt, dein Atem fließt und deine Sinne sind wach.

REISE

Ein wärmendes Feuer braucht der Neuankömmling, dessen Knie von der Kälte steif sind. Essen und saubere Kleidung braucht der Mann, der das Gebirge überschritten hat, auch Wasser, um sich vor dem Bankett säubern zu können. Höfliche Worte braucht er, einen herzlichen Empfang und schließlich Schweigen, damit er seine Geschichte erzählen kann.

Hab keine Angst vor den Prüfungen, die dir auf deinem Weg begegnen. Sie bereichern und vertiefen deine Kenntnis der Welt. Froh und glücklich sei der Mensch bis zum Tag seines Todes.

Unwissenheit gleicht der mondlosen Nacht. Der Weg liegt im Dunkeln, und der Mensch kann sich verirren. Vertraue dem Stern, der in deinem Inneren leuchtet, denn er allein kann dich vor den Fallen und Tücken schützen, die auf dem Weg lauern. Bestimme ihn zu deinem Führer.

Dies ist eines der Gesetze universeller Harmonie, das es zu befolgen gilt: Der Mensch zieht nicht nur aus, um zu erobern, sondern auch, um zu entdecken. Folge dem Beispiel des Druiden Fingal bei der Schlacht von Moytura. Er ging an den Mystral-See, um dort zu angeln, da der Ort so ruhig und heiter war. Die Barden erzählen, dass er bei seiner Rückkehr vom See wie ein Jüngling vor Kraft überschäumte.

Den Leib zu ermüden labt den Geist. Wenn du nicht ziellos umherschweifst, sondern dein Weg auf ein klares Ziel zuführt, so ist dies eine heilsame Prüfung, die den Geist erhebt und erheitert. Der Mensch, der stillsteht, ist Krankheit und Tod geweiht. Was geschieht wohl mit einem Vogel, der nicht mehr fliegt?

Der Mensch braucht kein geflügeltes Ross, um in die Ferne zu reisen. Er muss nur unermüdlich seinen Willen wie das Feuer in der Schmiede anfachen und in seinem Herzen die Kraft des Wünschens und Staunens erwecken.

Der Geist kann weiter reisen als der Körper. Er gelangt in die entferntesten Gegenden allein durch die Macht der Konzentration.

Berg, See und Fluss sind die Freunde des Wanderers. Wenn er mit ihnen Zwiesprache zu halten vermag, hat er auf seinem Weg stets Verbündete.

Der Wanderer, der überall Aufnahme finden will, soll sich weder mit materiellen Dingen noch mit unnützen Worten belasten, die sein Bündel schwer machen, seinen Schritt hemmen und schließlich zur Bürde werden. Sein Geist und sein Körper sollen frei und unbeschwert sein.

Lerne, dich in Wäldern und Bergen zu verlieren. Lausche aufmerksam und voll Ehrfurcht ihren geheimen Stimmen. Sei willens, alles zu verstehen: Klänge, Bewegungen, Farben. Ein Mensch, der – mit vor Leidenschaft entbranntem Herzen – in die Geheimnisse der Natur eindringt, wird sehen, wie der Wind der Liebe sich erhebt und seine Asche über Himmel und Erde verstreut.

Ich habe dem Lachs zugesehen, wie er den Fluss hinaufwanderte. Nachdem er lange dem Fluss stromabwärts gefolgt war und die weite Welt erkundet hatte, kehrte er nun zu dessen Ursprung zurück, um zu laichen. Da stieg eine große Freude in mir auf, eine glückliche Gewissheit. Das menschliche Leben gleicht nicht einer geraden Linie mit Anfang und Ende, sondern einem Kreis, der Vollendung und Wiederkehr ermöglicht.

Wenn ich erwache, muss ich den Gesang der Vögel hören, ehe ich weiter meines Weges ziehe. Sie haben stets meinen Geist belebt wie frisches Quellwasser. Sie waren anwesend am Anfang der Welt, und was sie sagen, sind Worte der Ewigkeit. Das Lärmen der Menschen berührt sie nicht.

Der Wanderer, der an meine Tür klopft, ist kein Fremder, kein Ausgestoßener, der meinen Frieden stört. Ich sehe in ihm einen Boten, einen Überbringer wichtiger Nachrichten, einen verlorenen Freund, der mir von höheren Mächten gesandt wurde.

Nicht das Ziel zählt, sondern der Weg, den der Wanderer zurücklegt – sein langsames Voranschreiten in der Natur, das seinen Geist stärkt und seine Sinne läutert.

Ich habe alle Gegenden des alten Keltenreiches durchwandert, Irland, Wales, die zwei britannischen Reiche[8]. Überall habe ich Menschen gesehen, die ganz in der Geschäftigkeit des Lebens aufgingen wie Bienen in einem Bienenstock. Sie hören nicht das Klagelied der Bäche, nicht die Stimmen der Bäume und Steine. Ihre Einsamkeit und Verbitterung ist groß. Sie gleichen toten Bäumen ohne Saft und ohne Wurzeln.

---

8   Siehe Anmerkung 6, S. 114

Halt inne und öffne dich für die Schönheit des Augenblicks. Es wird keinen zweiten wie diesen geben. Dieser Moment ist einzig, gleich dem Edelstein aus den Legenden, nach dem alle suchen. Alles wird dir jetzt gegeben, es gibt nur ein Ganzes, eine Erinnerung, die alles umfasst.

Lerne, in deinem Geist zu wandeln. Auch er hat seine Bäche, seine Seen, seine tiefen Schluchten und steilen Klippen, seine unbekannten Gegenden, die noch kein Mensch je erblickt hat.

Ein Mensch ohne Besitz, der voll Vertrauen und voll Liebe zur Schöpfung seines Weges zieht, wird reich mit Wundern beschenkt und der Segen des Schicksals liegt auf ihm.

Jedes deiner Worte findet Widerhall in der Natur, auch wenn du ihn nicht zu hören vermagst. Lerne mit Bäumen, Blumen und dem spiegelnden Wasser des Baches zu sprechen, und sie werden dir antworten.

Du hast dich zur Ruhe gelegt, doch dein Geist schläft nicht. Wie die Wache am Feuer bleibt er achtsam.

Vergiss nicht, woher du kommst. Du bist nicht das Produkt des Sinnenrausches zweier Menschen, nein, du bist das Kind der vollkommenen Natur.

Lerne deine Ängste zu besiegen. Begib dich in einer mondlosen Nacht in den Wald, in tiefe Dunkelheit, und lausche jedem Geräusch, jeder Empfindung. Was dir Angst macht, sind einfach nur diejenigen Dinge, die du noch nicht kennst.

Glaube nicht, dass die Natur unnütze Dinge tut und nur du mit Sinn und Vernunft gesegnet bist. Die Natur hält endlos Zwiesprache mit allem, was lebt. Dieser Austausch, dieses Knüpfen von Verbindungen dient nur dem einen Zweck, das Geheimnis des Lebens im Laufe vieler Zeitalter zu vollenden. Betrachte die Natur mit liebenden Augen und du wirst erkennen, dass du demselben großen Ganzen angehörst. Dein Leben hat nie aufgehört, seit die ersten Sonnen die Erde beschienen haben.

Gib dem Zugvogel, der vor deinem Fenster hüpft, Brot und Milch. Erweise ihm Ehre und empfange ihn mit freundlichen Worten. Du weißt nicht, welcher Geist in ihm unterwegs ist.

Sei nicht wie der Mensch in den Städten, der ohne Bindung und Erinnerung ist, Sklave seiner schlechten Gewohnheiten. Weil er glaubt, so seiner Angst Herr zu werden, zerstört er seine natürliche Umgebung. Er fällt, sägt, rodet und vernichtet ohne Ehrfurcht vor der Kraft des Lebens, die ihn umgibt. Ohne dies zu erkennen, zerstört er die Gesundheit seines Körpers und den Frieden seines Geistes und schließlich sich selbst. Es ist, als habe der Geist des Wahnsinns von ihm Besitz ergriffen.

Jede Blume ist kostbar und selten, auch wenn für unsere Augen eine wie die andere aussieht. Schenke einer jeden besondere Aufmerksamkeit, und du wirst erkennen, dass sie ein eigenständiges, lebendes Wesen ist, das nie aufgehört hat, Teil der großen Natur zu sein, die sie wachsen lässt und ihr Leben einhaucht. Wenn eine Blume verblüht, zieht sie sich in sich selbst zurück, wie es die Natur im Winter tut, um auf die Wiederkehr der Sonne zu warten. Wir gleichen den Blumen auf den Feldern, die erblühen, um zu verwelken. Und doch ist uns mehr als nur ein Frühling beschieden.

Du sagst, die Zeit verginge schnell. Das ist wohl wahr, aber glaube nicht, dass du nur ein Strohhalm bist, den das Wasser mit sich fortreißt. Sieh dich als den Fluss mit seinem Lauf und seiner Quelle. Seine Wasser sind sich in keinem Augenblick gleich, sie erneuern sich schnell, und doch verändert der Fluss sich nicht. Die Natur wird niemals alt, sie verwandelt sich nur.

Fliegt ein Vogel über den Himmel, so mag dies zu gegebener Zeit ein Zeichen des Willkommens, des Schutzes sein, ein Echo auf ein Bündnis oder einen Pakt. Unsere Handlungen können äußere Ereignisse auslösen, die wir nicht zu deuten vermögen.

Weisheit ist das Gegenteil von Verdrossenheit. Betrachte die Blumen am Wegesrand, die Steine auf dem Weg, die im Licht der Sonne glänzen, die kluge Geometrie der Pflanzen. Betrachte sie, als würdest du die Welt zum ersten Mal sehen. Lerne zu staunen.

Sei nicht feindselig gegen einen Menschen, weil er anders, sein Verstand verzerrt oder seine Gestalt missgebildet ist. Es mag darin ein Segen liegen, den du nicht erkennst, eine andere Gestalt, die der Geist annimmt, um dir etwas zu sagen.

Wenn du aufmerksam beobachtest, wirst du sehen, dass sich im Laub eines Baumes, der sich im Wind wiegt, ebenso viel Gefühl ausdrückt wie im Gesicht eines Menschen. Diese Empfindung macht dir den Baum zum Freund.

Verweile bei deinen Wanderungen an den Stätten der alten Überlieferung – heiligen Quellen, Hinkelsteinen, Grabhügeln und tiefen Wäldern –, um zu meditieren. Nichts ist verschwunden, obwohl die Wälder abgeholzt, die Steine umgestoßen, die Flüsse vergiftet sind. Ihr Geist ist noch immer gegenwärtig im heiligen Hain.

Wenn du dir einen freien Geist bewahren willst, betrachte dich nicht als sesshaften Menschen, der bis zu seinem Ende an einen einzigen Ort gebunden ist. Das ist eine sehr schädliche Auffassung. Deine Träume, deine Gefühle, deine Wünsche, deine Empfindungen, die nächtlichen Eskapaden deines Geistes machen dich zum Wanderer. Sie sind Spuren des alten Wissens, das unauslöschlich im Menschen fortlebt, und sie stellen eine Quelle der Heilung und der Freiheit dar.

Nimm dir die Zeit, ohne Hast zu gehen, im Rhythmus deines Atems, im Einklang mit der Landschaft, und deine Anstrengung wird gering sein. Der Berg bedrückt mich nicht und lähmt nicht meinen Schritt. Er trägt mich auf seiner Schulter, die Wiesen empfangen mich mit ihrer Lieblichkeit und die Bäume spenden mir ihren Schatten. Gleich der Harfe des Barden ist nichts im Missklang, und Frieden erfüllt das Herz des Wanderers.

Die Veränderungen der Landschaft gleichen den Veränderungen in meiner Seele. Sie geschehen sanft und ohne Aufruhr, als würden Farben ineinanderfließen. Genauso musst du die Schwankungen in Gemüt und Charakter des Menschen sehen. Sie sind Ausdruck ein und derselben Bewegung, verknüpft durch ein und dasselbe Gesetz.

Die Nacht ist nicht nur dazu da, um sich in die Obhut des Schlafes zu begeben. Nachts lernt der Mensch auch, seine Ängste zu bekämpfen, seine Schatten und Illusionen, derer er nicht Herr zu werden vermag. Das ist der erste wirkliche Kampf mit sich selbst. Du musst dich erst deinen kindischen Ängsten stellen, wenn du innerlich wachsen willst.

Auf meinen Reisen in den Norden der Welt und in die fruchtbaren Länder des Südens bin ich vielerlei Menschen begegnet. Dort in der Ferne, jenseits der tiefen Wälder, verehrten alle die Natur und priesen ihre Wohltaten. Der Mensch schritt einher neben dem Löwen, und der Adler trug den Träumer auf seinen Schwingen. Dies war lange bevor es Streitäxte gab, als noch kein Keil Mensch und Natur gespalten hatte. Barden und Geschichtenerzähler bewahren die Erinnerung an diese Zeit, damit die Menschen eines Tages zur alten Weisheit zurückkehren können.

Lerne, am Ufer des Wassers zu schlafen, in der Wärme des Nachmittags, im Frieden mit dem Universum, dem Murmeln des Wassers, dem Surren der Insekten und all den Lauten, die du nicht kennst. In diesem Augenblick, wenn alles sich in eins fügt, wird dir die Weisheit geschenkt, jene Weisheit, die nicht menschlichen Ursprungs ist, sondern unmittelbar aus dem Herzen der Natur fließt.

Familie und Ahnen

Mit dem leiblichen Auge betrachtet ist die Welt nicht mehr als das äußere Gewand, gleich der Rinde eines Baumes. Sie stirbt, löst und erneuert sich. Sie ist immer gleich, auch wenn ihre Gestalt sich wandelt. Was also solltest du fürchten?

Für uns Druiden ist die Natur göttlich und heilig. Selbst das kleinste Ding hat seine Aufgabe im großen Ganzen des Lebens. Der Mensch steht nicht über Baum, Vogel oder dem winzigen Getier, das im Gras kriecht. Sie alle sind Teil des Stoffes, aus dem das Leben gewebt ist, Fäden eines einzigen Gewandes, verbunden durch ein Schicksal, belebt und bewegt von ein und denselben Kräften. Lerne, die Einheit zu sehen, die sich hinter der Vielfalt der Welt verbirgt.

Wer offenen Geistes die Welt bereist, für den verwandelt sich Neugier in Liebe. Unbeschwert und umgänglich wie ein Jüngling ist er bereit für jede Begegnung.

Bilde dir nicht ein, dass deine Kenntnis der Welt und die Gabe der Erinnerung dich über deine Mitgeschöpfe erhaben machen. Furcht und Angst vor dem Tod haben den Menschen aus der Einheit mit der Natur herausfallen lassen. Er hat verlernt, ihr Mysterium zu verstehen. Sieh nur die Schönheit des Käfers, der unbewegt auf einem Blatt sitzt, die Genauigkeit, mit der der Vogel seinen Flug lenkt, die natürliche Anmut des Tieres, diesen Taumel von Kräften und Farben, den selbst der geschickteste Mensch nicht nachbilden kann. Du brauchst einen anderen Blick, um besser zu sehen und zu begreifen.

Es gibt eine Wirklichkeit, die die Menschen vergessen haben. Ihre Vorfahren sind nicht dahingerafft vom Tod, auf ewig entschwunden, wie sie fälschlicherweise glauben. Sie leben auf der anderen Seite der Welt, in jenen Bereichen, die wir im Traum, in der Meditation, im Zustand der Trance betreten. Die Geister der Ahnen wandern zwischen den beiden Welten. An bestimmten Tagen, wie an Samhain[9], kommen sie und segnen die Lebenden. Dies ist der Tag im keltischen Jahreskreis, an dem sich das Laub gelb färbt und die Erde gefriert, an dem die Natur in sich zurückkehrt und sich die zwei Welten vereinen.

---

9 1. November. Das christliche Allerseelenfest.

Sei dir bewusst, dass der Mensch, der Vater und Mutter verleugnet, zu Einsamkeit und Trauer verdammt ist. Böse Träume verfolgen ihn des Nachts und das Unglück ist sein Weggefährte.

Betrachte die lebhaften nächtlichen Träume, die den Menschen beunruhigen und in seine wachen Stunden hinein verfolgen, mit anderen Augen. Durch sie sprechen die Ahnen zu dir, die alten Helden und Meister der Weisheit. Verschließe dich ihren Botschaften nicht.

Die alten Kelten kannten ein Gebet, das den Augenblick des Todes in Triumph verwandelt. Der Barde Taliesin reckt sich, sobald das Jagdhorn erschallt. Er ahnt die Gefahr, die ihm droht, und singt sein Zauberlied im Angesicht des brennenden Dorfes: »Seht nur, ich erblicke meinen Vater, ich erblicke meine Mutter, ich erblicke meine Geschwister. Seht nur, ich erblicke meine Ahnen, wie sie da sitzen und ihren Blick auf mich richten. Sie rufen mich und fordern mich auf, an ihrer Seite Platz zu nehmen im Palast der Götter, wo die Tapferen ewig leben.«

Das Kind ist die Pforte zur Seele. Hinter ihm erstreckt sich verhüllt die ganze Welt mit all ihren Kräften und Geheimnissen. Tritt einem Kind gegenüber wie einem Meister der Weisheit.

Sieh deine Kinder als die schönsten Blumen der Schöpfung an. Sie tragen etwas von dir in sich, deine Gefühle und Erinnerungen, und doch sind sie nicht du. Erkenne darin den großen Reichtum des Lebens und seine unendliche Schöpferkraft. Du bist unsterblich. In deinen Kindern wirst du, lange nach deinem Tod, in anderer Gestalt, mit anderen Erfahrungen, immer wieder neu geboren.

Unser Geist hat schlechte Angewohnheiten, er blickt in die falsche Richtung. Dabei wäre es so einfach, sich die Gewissheit zu verschaffen, dass der Tod nur ein Stadium der Wandlung ist.

Die Toten sind unserem Blick entschwunden. Wir können sie nicht mehr berühren und nicht mehr mit ihnen sprechen. Das ist es, was unser Leib uns sagt, doch unser Geist sieht die Dinge anders. Die Toten sind hier und in diesem Augenblick mit uns, sie leben nur in einer anderen Wirklichkeit.

Die Liebe, die du deinen Verwandten entgegenbringst, endet nicht mit dem Tod. Sie ist dazu bestimmt, so lange anzudauern, wie Sonne und Sterne wiederkehren.

Du bist nicht allein im Universum, verloren und dem Chaos der Welt ohne Hilfe ausgeliefert. Denk einen Augenblick an das Leben, an die lange Reihe deiner Ahnen, deren letzte Verkörperung du bist, an diese lange, ununterbrochene Linie. Werde dir dessen bewusst und deine Ahnen werden dir bei all deinen Unternehmungen, bei jedem wichtigen Schritt hilfreich zur Seite stehen.

Wer lange allein im Wald lebt, weiß mehr über die Welt als der Gelehrte, der sich in seine Bücher vertieft. Ein Wechsel des Lichts, der Wind in den Bäumen enthüllen ihm andere Dinge und Sichtweisen. So sieht er schließlich, was anderen verborgen bleibt. Auf diese Weise entdeckte der Knabe Merlin die magische Wahrheit der Legenden. Merlin war nicht nur Kind der Menschen, sondern auch Kind von Hirsch, Adler, Libelle und Wildschwein. Er konnte mit ihren Augen sehen, mit ihren Sinnen die Welt erfassen, ohne seinen menschlichen Körper zu verlassen.

Wie hätte ich ohne die Erinnerung an meine Frau und meine Kinder den Stürmen, den von Wölfen behausten Wäldern, der Hitze der Wüste trotzen können? Sie haben mich über alle Hindernisse getragen wie die Schwingen eines mächtigen Vogels.

Ich habe gelernt, in die Augen meines Vaters und meiner Mutter zu sehen. In ihnen sehe ich meine Großeltern und deren Eltern. Dies erfüllt mich mit Freude, gibt mir Stärke und verzehnfacht meine Willenskraft.

Wenn ich mich über den Fluss beuge, sehe ich darin nur mein Gesicht, doch ich bin nicht allein. Die, die ich liebe, sind mit mir und begleiten mich. In den Prüfungen des Lebens lassen sie mich nicht im Stich.

Wenn es Streit gibt zwischen dir und einem Verwandten, so lasse nicht zu, dass er sich ausweitet, sonst zerstört er dich. Sprich mit dem anderen von Seele zu Seele, ohne etwas zu verbergen, mit Liebe im Herzen, und er wird dir auf dieselbe Weise antworten.

Als seine Gemahlin gestorben war, nähte König Pwyll, wahnsinnig vor Schmerz, ihr Herz in das Fell eines Bären, um sie festzuhalten und nicht an den Tod zu verlieren. Ähnliches tun wir mit unseren Erinnerungen, wenn sie von Schmerz und Besessenheit genährt sind. Lasst uns die Toten freigeben, damit sie gehen können, wohin sie wollen. Was sie auch tun, sie verlassen uns niemals.

Achte jedes Tier, jeden Vogel, jeden Käfer. Mit welchem Recht beraubst du sie ihres Lebens? Sie sind deine Geschwister und wie du Kinder des Lebens.

Was sie auch tun, deine Kinder sind Träger der Hoffnung, denn in ihnen setzt sich das Leben fort.

Die Frau besitzt eine Gabe, die der Mann schon seit langer Zeit verloren hat: Sie versteht es zuzuhören, ist offen und empfänglich für das Mysterium. In ihr lebt eine göttliche Quellwächterin, die niemals ruht. Ihr bloßes Frausein macht sie zur großen Seelenheilerin.

Die Frau ist mit dem Mann verbunden wie der Tag mit der Nacht, unmöglich sie voneinander zu lösen. Diese Kraft ist immer gegenwärtig, im Alltag wie in schweren Zeiten, ja sogar in der Stunde des Todes. Vom Tod getrennt und einander entrissen, begegnen sie sich unweigerlich wieder im Strom der Zeit.

Der Glaube der Druiden

Brans Seefahrt

Bran, dessen Name »Rabe« bedeutet, war König über Irland und die zwei britannischen Reiche. Eines Tages spazierte er allein im Umkreis seines Schlosses, als er hinter sich Musik erklingen hörte. Er wandte sich um, sah aber nichts. Und die Musik erklang wieder in seinem Rücken. Die Klänge waren so sanft, dass der König in Schlaf fiel. Er träumte, dass eine schöne und geheimnisvolle Frau an ihm vorüberging. Als er erwachte, fand er zu seinen Füßen einen silbernen Zweig, an dem weiße Blüten schimmerten. Er nahm ihn mit ins Schloss, wo ein großes Fest veranstaltet wurde, zu dem sich zahlreiche Könige und Krieger einfanden. Plötzlich erschien in der Schar der edlen Gäste eine Frau, die ihren Kleidern nach zu urteilen aus einem fernen Land stammte. Niemand wusste, woher sie gekommen war, denn alle Tore waren geschlossen. Sie begann ein langes Lied für Bran zu singen, das die Wunder und Freuden von Tír nan Og, der Insel der Unsterblichen, beschrieb, zu der der Tod keinen Zutritt hat. Schließlich zog sie sich zurück und nahm den silbernen Zweig mit sich, der aus den Händen Brans in die ihren gelangt war, ohne dass Bran sich hätte erklären können, wie das passiert war. Das Lied der geheimnisvollen Besucherin blieb nicht ohne Wirkung. Gleich am nächsten Morgen stach Bran mit neun Männern in See, bereit, allen Gefahren zu trotzen und sich von den Gestirnen des Himmels und der starken Sehnsucht in seinem Herzen leiten zu lassen. So fuhren sie zwei Tage und zwei Nächte, bis sie im Norden der Welt zur Insel der Unsterblichen gelangten, die hinter einer Nebelwand verborgen lag. Die Seefahrer wurden im dortigen Schloss empfangen. Für jeden von ihnen stand ein Bett bereit. Die köstlichsten Gerichte wurden ihnen aufgetischt, doch so viel sie auch aßen, die Teller leerten sich nicht. Die Zeit, die sie auf so angenehme Weise verbrachten, schien ihnen kurz. Doch einer der Gefährten, Nechtan mit Namen, Sohn des Colbran, wurde von Heimweh ergriffen. So beschlossen die neun voller Bedauern, nach Irland zurückzukehren. Als sie das Schiff bestiegen, um in ihre Heimat zu segeln, meinten Bran und seine Gefährten, auf der Insel der Unsterblichen nicht einmal ein Jahr zugebracht zu haben. Doch als sie an der heimischen Küste anlegten, war ihre Überraschung groß, als die Leute fragten, wer sie denn seien. »Ich bin Bran, der Sohn des Febal.«

»Bran? Wir kennen keinen Bran«, gab man ihnen zur Antwort. »Unsere alten Chroniken aber berichten von einem gewissen Bran, der eine Seefahrt unternahm.«

Da konnte Nechtan nicht länger an sich halten. Er sprang vom Schiff, fest entschlossen, sein Haus und seine Familie zu finden. Doch sobald sein Fuß die Erde berührte, zerfiel er zu Staub, als hätte er viele hundert Jahre auf See verbracht. Durch das Schicksal seines Gefährten gewarnt, segelte Bran wieder aufs Meer hinaus. Barden und Druiden berichten in den alten Chroniken, dass die Zeit im Sid[10] ein anderes Maß hat als in der Welt der Lebenden.

---

10   Die andere Welt

Die »verborgenen Geschöpfe« des Waldes

Der Mensch, der Bäume, Blumen, Tiere und Bäche nicht zärtlich liebt, wird die verborgenen Geister des Waldes nicht zu Gesicht bekommen. Diese Geschöpfe sind sehr alte Wesen. Als die Erde im Augenblick ihrer Erschaffung noch feucht war vom Tau, existierten sie bereits. Als die Menschen auftauchten, zogen sie sich in die Wälder zurück, um abzuwarten und das Tun und Treiben der Menschen zu beobachten. Nichts entgeht ihnen, sie wissen, was sich selbst unter dem kleinsten Blättchen im Schatten abspielt. Als Hüter des Waldes sorgen sie für die Bäume und die Tiere, die den Schutz der Bäume suchen.

Die Brücke zwischen den zwei Welten

Bladudd hielt sich am Flussufer auf, an einer Stelle, an der ein Hinkelstein aus dem Boden ragte. Die meisten sahen nur das Ufer mit seinen hohen Gräsern und das spiegelnde Wasser des Flusses, der unterhalb des Steins vorbeifloss, Bladudd aber erblickte dort Menschen und Tiere. Er beobachtete sie. Plötzlich fiel ihm auf, dass Mensch und Tier aussahen wie Spiegelungen im Wasser und nicht wie Wesen aus Fleisch und Blut. Er erkannte, dass der Fluss eine der Grenzen war, die seine Welt von der anderen Welt trennte. Und so wartete er auf eine günstige Gelegenheit, um mit den Geschöpfen dort zu reden. Zu Samhain ging sein Wunsch in Erfüllung, denn dann stehen die Pforten zwischen den Welten offen, sodass es möglich ist, in die andere Welt überzugehen.

In der keltischen Überlieferung ist die Hauptbeschäftigung der Feen das Spinnen von Mysterien, Leben, Schicksalen oder Prophezeiungen. Oft hören wir in den alten Geschichten von Feen, die am Spinnrad sitzen und Wolle spinnen. Nicht selten behaupteten Männer, mit Feen getanzt zu haben. Ein Zeuge berichtet, dass er sich in der Nähe eines Steinkreises versteckt gehalten und sie eine Zeit lang beobachtet habe. Sie hätten weiße Kleider getragen, die an Spinnweben oder Nebel erinnerten. Ihre Gesichter seien blass und zart gewesen, als seien sie aus Mondmilch. Wenn sie in die Hände klatschten, so klang es hohl, als wäre kein Fleisch an den Knochen … Jedes Mal, wenn er dachte, er könne eine von ihnen zu fassen bekommen und seine Arme um sie legen, entglitt sie ihm wie der Morgennebel. Die weiße Frau von Chomelix[11] erscheint in Gewitternächten bei der heiligen Quelle von Borvo. Unter Seufzern und mit einem Klagelied auf den Lippen weist sie dem Wanderer den Weg, um sich dann in Nebel aufzulösen. Ihre Tränen, die auf den Stein fallen, verwandeln sich in Bernsteinperlen. Die meisten Mineral- und Heilquellen stehen unter dem Schutz von Feen.

Die Druiden bestätigten die Wirklichkeit dieser parallelen Welten, die uns zugänglich werden, sobald sich unser Bewusstsein und unsere Wahrnehmung ändern. Die Volksweisheit bewahrt eine ferne Erinnerung an solche Dinge, in der noch eine andere Sicht der Welt nachklingt. So erzählte man sich in den Dörfern, dass es manchmal

---

11 Haute-Loire

gefährlich sei, unter dem Einfluss einer Fee zu stehen. Die Zeit habe ein anderes Maß im Reich der Feen, hieß es, und der junge, unbedachte Tänzer laufe Gefahr, vom Tanz mit den Feen als hundertjähriger Greis heimzukehren.

DIE WEISSAGUNG DER RABEN

Glücklich werden die Menschen sein. Die Raben werden in Scharen in unzählige Täler davonfliegen. Der Gesang der Raben wird alsdann ihr eigener Gesang sein. Wenn das Licht von Awen[12] erloschen ist und das Blut der Barden Gerechtigkeit fordert, dann mögen die Raben ihre Flügel über dem heiligen Wald und dem heiligen Grabhügel ausspannen!

MERLINS WEISSAGUNG

Die Ernte wird verdorren, und das Wasser wird von der Erde verschwinden. Die Feen werden Tränen vergießen, und nichts wird mehr seine Aufgabe erfüllen. Der Weise wird sich hinter seiner Tür verschanzen. Die Macht der Sonne wird die Meere aufwühlen, und der Staub der alten Zeiten wird aufsteigen. Die Winde werden aufeinanderprallen, und ihr Tosen wird sich zwischen den Sternen verlieren.

---

12 Inspiration

BILDNACHWEIS

Von Peter Hinreiner stammen die Fotos auf Seite 6 und Seite 16, alle weiteren von Bettina Lemke.